ABC DO COMUNISMO

O livro é a porta que se abre para a realização do homem.

Jair Lot Vieira

NIKOLAI BUKHARIN
IEVGUÊNI PREOBRAJENSKI

ABC DO COMUNISMO

Tradução e notas
ARISTIDES LOBO
Professor, jornalista e militante comunista brasileiro.
Trotskista, foi um dos fundadores da Oposição de Esquerda no Brasil,
em 1931, e, em seguida, da Liga Comunista Internacionalista.

Copyright desta edição © 2018 by Edipro Edições Profissionais Ltda.

Título original: *Azbuka kommunizma*. Publicado originalmente na Rússia em 1920.

Todos os direitos reservados. Nenhuma parte deste livro poderá ser reproduzida ou transmitida de qualquer forma ou por quaisquer meios, eletrônicos ou mecânicos, incluindo fotocópia, gravação ou qualquer sistema de armazenamento e recuperação de informações, sem permissão por escrito do editor.

Grafia conforme o novo Acordo Ortográfico da Língua Portuguesa.

2ª edição, 1ª reimpressão 2021.

Editores: Jair Lot Vieira e Maíra Lot Vieira Micales
Coordenação editorial: Fernanda Godoy Tarcinalli
Edição de texto: Marta Almeida de Sá
Produção editorial: Carla Bitelli
Assistente editorial: Thiago Santos
Preparação: Thiago de Christo
Revisão: Marta Almeida de Sá
Editoração eletrônica: Cleber Estevam
Capa: Studio DelRey

Dados Internacionais de Catalogação na Publicação (CIP)
(Câmara Brasileira do Livro, SP, Brasil)

Bukharin, Nikolai, 1888-1938.
Preobrajenski, Ievguêni, 1886-1937

    ABC do Comunismo / Nikolai Bukharin e Ievguêni Preobrajenski; tradução e notas de Aristides Lobo – 2. ed. – São Paulo: Edipro, 2018.

    Título original: Azbuka kommunizma.
    ISBN 978-85-521-0033-1

    1. Comunismo 2. Economia 3. Política 4. Sociologia
I. Preobrajenski, Ievguêni. II. Lobo, Aristides. III. Título.

18-16577   CDD-320.532

Índice para catálogo sistemático:
1. Comunismo : Ciência política 320.532

Cibele Maria Dias – Bibliotecária – CRB-8/9427

São Paulo: (11) 3107-7250 • Bauru: (14) 3234-4121
www.edipro.com.br • edipro@edipro.com.br
@editoraedipro   @editoraedipro

SUMÁRIO

INTRODUÇÃO – NOSSO PROGRAMA

1   Que é um programa?   7
5   Caráter científico do nosso programa   9

CAPÍTULO I – O REGIME CAPITALISTA

6   A produção de mercadorias   11
7   Monopolização dos meios de produção pela classe capitalista   12
8   O salário   13
9   Relações entre os homens na produção capitalista   15
10 Exploração da força de trabalho   16
11 O capital   20
12 O Estado capitalista   22
13 Contradições principais do regime capitalista   27

CAPÍTULO II – DESENVOLVIMENTO DO REGIME CAPITALISTA

14 Luta entre a pequena indústria, entre a propriedade individual, ganha pelo trabalho, e a propriedade capitalista, adquirida sem trabalho   29
    a) Luta entre a pequena e a grande produção na indústria   29
    b) Luta entre a pequena e a grande produção na agricultura   33
15 A dependência do proletariado, o exército da reserva, o trabalho das mulheres e das crianças   35
16 A anarquia da produção, a concorrência e as crises   39
17 O desenvolvimento do capitalismo e as classes; o agravamento dos antagonismos de classes   42
18 A concentração e a centralização do capital são condições de realização do regime comunista   46

CAPÍTULO III – O COMUNISMO E A DITADURA DO PROLETARIADO

19	Características do regime comunista	48
20	A distribuição no regime comunista	50
21	A administração no regime comunista	51
22	O desenvolvimento das forças produtivas no regime comunista (as vantagens do comunismo)	53
23	A ditadura do proletariado	56
24	A conquista do poder político	59
25	O Partido Comunista e as classes na sociedade capitalista	60

CAPÍTULO IV – COMO O DESENVOLVIMENTO DO CAPITALISMO ACARRETOU A REVOLUÇÃO COMUNISTA

26	O capital financeiro	67
27	O imperialismo	72
28	O militarismo	80
29	A guerra imperialista de 1914-1918	82
30	O capitalismo de Estado e as classes	85
31	A falência do capitalismo e a classe operária	88
32	A guerra civil	94
33	As formas da guerra civil e o seu custo	97
34	Ou a decomposição geral ou o comunismo	103

CAPÍTULO V – A SEGUNDA E A TERCEIRA INTERNACIONAIS

35	O internacionalismo do movimento operário é uma condição de vitória para a Revolução Comunista	105
36	A falência da Segunda Internacional e suas causas	106
37	As palavras de ordem de defesa nacional e de pacifismo	109
38	Os sociais-patriotas	113
39	O centro	115
40	A Terceira Internacional Comunista	117

Glossário dos nomes citados   121

INTRODUÇÃO
Nosso programa[1]

1. QUE É UM PROGRAMA?

Cada partido visa a determinados fins: o partido dos proprietários e dos capitalistas, do mesmo modo que o partido dos operários e dos camponeses.[2] Sem finalidades, não há partido. Se este partido representa os interesses dos proprietários agrícolas, ele combaterá pelos seus fins: conservar a terra em suas mãos, sujeitar o camponês, vender o mais caro que puder o trigo de suas propriedades, procurar o mais barato possível a mão de obra agrícola, obter o mais elevado arrendamento.

Se se trata do partido dos capitalistas, ele tem, da mesma forma, a sua finalidade: encontrar a mão de obra barata, oprimir os operários da fábrica, encontrar compradores aos quais possa vender as mercadorias pelo preço mais alto, lucrar o mais possível e, para isso, fazer com que os operários trabalhem o maior tempo possível; e, principalmente, fazer de modo que os operários não possam imaginar, sequer, a possibilidade de um novo regime e se convençam de que sempre houve patrões e sempre haverá. Tais são os fins visados pelos fabricantes.

---

1. Foram suprimidos, nesta Introdução, os tópicos referentes ao programa do Partido Comunista russo, quais sejam: "2. O nosso antigo programa"; 3. "Por que foi necessário adotar novo programa"; "4. Importância do nosso programa".
2. O camponês, que corresponde, não no sentido gramatical, que pouco nos interessa, mas no sentido econômico do termo, ao chamado sitiante paulista, representando a pequena burguesia rural, não pode nunca, pela sua situação social intermediária, ter um papel político independente. Assim, conforme a correlação de forças, o campesinato tem sido conduzido – ora pela burguesia, ora pelo proletariado. Devido ao considerável peso específico do campesinato na população russa, a ditadura do proletariado na Rússia só foi possível realizar-se pela aliança do proletariado com os camponeses, sob a direção do então partido proletário, isto é, o partido bolchevique. (N.T.)

É claro que os operários e camponeses têm fins muito diversos, porque têm interesses muito diferentes. Dizia-se antigamente: "O que é bom para um russo é mortal para um alemão". Na realidade, seria mais exato dizer: "O que é bom para um operário é mortal para um proprietário ou um capitalista". Por aí se vê, pois, que o operário tem o seu fim próprio, que o capitalista tem outro fim, e que o proprietário de terras tem também o seu.

Mas cada proprietário não pensa unicamente no melhor modo de dominar o camponês; alguns deles atiram-se à bebida, sem olhar sequer o que lhes fornece seu administrador. O mesmo acontece, quase sempre, com o camponês ou com o operário. Muitos dizem: – Ora! Havemos de nos sair do mesmo modo. Por que inquietar-nos? Nossos pais viveram sempre assim e nós faremos do mesmo modo.

Tais indivíduos não se incomodam com coisa alguma e nem mesmo compreendem os próprios interesses. Pelo contrário, os que pensam no melhor modo de defender os seus interesses organizam-se num partido. Não é, pois, toda uma classe que ingressa no partido, mas sua melhor e mais enérgica fração; e esta é que conduz as outras.

Ao partido operário (Partido Comunista ou bolchevique) aderem os melhores operários e camponeses pobres; ao partido dos proprietários de terras e dos capitalistas aderem os mais vigorosos entre os proprietários e os capitalistas, bem como os seus lacaios: advogados, professores, oficiais, generais etc. Cada partido, por conseguinte, representa a fração mais consciente da classe cujos interesses este defende.[3]

Esta é a razão pela qual um proprietário ou um capitalista que entra num partido lutará mais vantajosamente contra o camponês e o operário do que aquele que não entra. Assim, também, um operário pertencente a um partido lutará com mais vantagem contra o capitalista e o proprietário de terras do que aquele que não pertence a partido algum, porque, tendo pensado bem nos fins

---

3. A existência de partidos burgueses de vários matizes é apenas o reflexo das contradições inerentes ao modo de produção capitalista. O número desses partidos aumenta à proporção que se multiplicam e se tornam mais agudas essas contradições. O fundo do que afirma Bukharin continua, porém, inalterável: todos os partidos burgueses, em face dos interesses fundamentais da classe que representam, constituem, em última análise, um único partido – o partido dos exploradores, o partido da burguesia. Em suma, são instrumentos diferentes de um mesmo sistema social. (N.T.)

e nos interesses da classe operária, ele sabe como servir esses fins, tomando o caminho mais curto.

A totalidade dos fins visados por um partido em defesa dos interesses de sua classe constitui o programa desse partido. No seu programa, pois, é que são indicados os fins a que cada uma das classes visa. No programa do Partido Comunista, por exemplo, é indicado o fim a que devem visar os operários e os camponeses pobres. Para cada partido, o programa é o que há de mais importante. É segundo o seu programa que se pode julgar que interesses um partido defende.

5. CARÁTER CIENTÍFICO DO NOSSO PROGRAMA

Antes de Karl Marx, os homens que defendiam os interesses da classe operária traçavam, muitas vezes, maravilhosos quadros do paraíso futuro, mas sem garantias de que seria possível chegar até ele, e de qual seria o verdadeiro caminho a seguir pela classe operária e pelo proletariado agrícola. Marx nos ensinou a proceder de outro modo. Ele considerou o regime mau,[4] injusto e bárbaro que ainda hoje reina em todo o mundo e procurou saber como era constituído esse regime. Assim como examinaríamos uma máquina qualquer, um relógio, por exemplo, Marx examinou o regime capitalista, em que reinam os industriais e os proprietários agrícolas, enquanto os operários e os camponeses são oprimidos. Suponhamos que, observando um relógio, notássemos que uma de suas rodas se adapta mal à outra e a cada volta elas se embaraçam sempre cada vez mais; poderemos prever, em seguida, que o relógio vai quebrar-se e parar. Marx não examinou um relógio, mas, sim, a sociedade capitalista: estudou-a, observando a vida sob a dominação capitalista. Graças a esse estudo, ele viu claramente que o capital cava a sua própria sepultura, que essa máquina vai arrebatar e arrebentará com a revolta inevitável dos operários, que, em seguida, transformarão o mundo inteiro, de acordo com a sua própria vontade.[5]

A todos os seus discípulos, Marx prescreveu, como testamento, que estudassem, antes de tudo, a vida tal como ela é. Só depois desse estudo é possível traçar um programa justo. Eis a razão pela qual nosso programa deve começar pela descrição do domínio capitalista.

---

4. Todo regime é mau quando se contrariam os interesses das classes exploradas e oprimidas. O regime socialista será bom e justo para todos os homens, sem exceção, porque corresponderá não aos interesses de uma determinada classe – as classes já tendo desaparecido –, mas aos interesses da sociedade inteira. (N.T.)
5. Porque essa vontade corresponde à etapa presente da evolução histórica. (N.T.)

Na Rússia, atualmente, está abolida a dominação capitalista; as previsões de Marx realizam-se aos nossos olhos, a antiga sociedade desmorona-se. As coroas escorregam da cabeça dos reis e dos imperadores. Os operários marcham, em toda parte, para a Revolução e para o estabelecimento do poder dos Sovietes (conselhos de operários, camponeses, soldados e marinheiros). Para bem compreender como se deu isto, é preciso saber, com exatidão, o que é o regime capitalista; depois disso, veremos que a sua queda era fatal.

E, uma vez reconhecido que não há meio possível de voltar ao passado, que é certa a vitória dos operários, cuidaremos com mais força e maior resolução da luta pela nova organização do trabalho.

CAPÍTULO I
O regime capitalista

6. A PRODUÇÃO DE MERCADORIAS

Quando examinamos como se desenvolveu a produção sob o domínio capitalista, vemos que, antes de tudo, aí se produzem *mercadorias*. "Que há nisso de notável?" – poderiam perguntar. O que há de notável é que a mercadoria não é um produto qualquer, mas um produto que se destina ao *mercado*.

Um produto não é uma mercadoria desde que seja feito para atender à nossa própria necessidade.

Quando o camponês semeia o seu trigo, depois o colhe e o debulha, mói o grão e fabrica o pão para si mesmo, tal pão não é uma mercadoria, é simplesmente pão.

Só se tornará mercadoria quando vendido e comprado, isto é, quando for produzido para o comprador, para o mercado; pertencerá a quem o comprar.

No regime capitalista, todos os produtos se destinam ao mercado,[6] *todos se convertem em mercadorias.* Cada fábrica, usina ou oficina, ordinariamente, só confecciona um produto, e esse produto, evidentemente, não é feito para a necessidade do fabricante.

Quando um empresário explora uma fábrica de caixões de defunto, é claro que tais caixões não são feitos para ele ou sua família, mas para o mercado. Quando um fabricante produz óleo de rícino, é claro também que, embora ele mesmo tenha constantemente indigestões, só guardará para si uma pequena

---

6. Sob o regime da produção pré-capitalista, na época do artesanato, produzia-se diretamente para o consumo, isto é, os produtos passavam diretamente das mãos do vendedor (produtor) para as do comprador (consumidor). A luta dos artesãos pelo consumidor transformou-se em luta capitalista pelo mercado. (N.T.)

quantidade do óleo produzido por sua fábrica. No regime capitalista, tudo se passa assim, seja qual for o produto.

Numa fábrica de botões produzem-se botões, mas esses milhões de botões são fabricados não para serem pregados ao colete do fabricante, mas para a venda: tudo o que é produzido na sociedade capitalista é produzido para o mercado; é ao mercado que vão as luvas e as linguiças cozidas, os livros e a cera, os metais e a aguardente, o pão, os calçados e as armas; em resumo, tudo o que se produz.

A produção de mercadorias pressupõe, necessariamente, a existência da *propriedade privada*. O artesão ou o pequeno industrial que fabrica mercadorias é proprietário de sua oficina e de seus instrumentos de trabalho; o fabricante ou o usineiro possui sua fábrica ou sua usina, compreendidos todo o edifício, maquinismos etc. Mas, desde o instante em que existem propriedade privada e produção de mercadorias, sempre existe a *luta em torno do comprador*, isto é, concorrência entre os vendedores. Mesmo quando ainda não existiam fabricantes, usineiros, grandes capitalistas, mas simples artesãos, estes últimos lutavam entre si para obter o comprador. E aquele que era mais forte, mais esperto, que tinha melhores instrumentos de trabalho, mas, sobretudo, aquele que tinha economizado dinheiro, sempre vencia, açambarcava o comprador, arruinava os demais artesãos e chegava à prosperidade. Por conseguinte, a pequena propriedade, produtora de mercadorias, *já trazia, em germe, a grande propriedade e já causava muitas ruínas.*

Sendo assim, o primeiro traço característico do regime capitalista é a produção de mercadorias, a produção destinada ao mercado.

7. MONOPOLIZAÇÃO DOS MEIOS DE PRODUÇÃO PELA CLASSE CAPITALISTA

Este caráter não é suficiente para definir o capitalismo. Pode existir uma produção de mercadorias sem capitalistas, por exemplo, a produção feita pelos pequenos artesãos. Estes produzem para o mercado e vendem seus produtos; por consequência, seus produtos são, de fato, mercadorias, e sua produção, uma produção de mercadorias. No entanto, trata-se de uma *produção comum de mercadorias e não de uma produção capitalista*.[7] Para que esta produção comum se transforme em produção *capitalista*, é preciso, de um lado, que os *meios de*

---

[7] Hoje, na época da dominação do capital, quando os artesãos só existem esporadicamente, como uma reminiscência do passado, a produção comum, isto é, normal, habitual, é precisamente produção capitalista. Ver, a esse respeito, a nota anterior. (N.T.).

produção (instrumentos, máquinas, edifícios, solo etc.) se convertam em propriedade de uma classe pouco numerosa de poderosos capitalistas, e, de outro lado, que um grande número de artesãos independentes e de camponeses fiquem arruinados e se convertam em operários.

Já vimos que a produção comum de mercadorias traz, em germe, a ruína de uns e o enriquecimento de outros. Foi o que aconteceu, efetivamente, em todos os países, tendo se arruinado quase todos os pequenos artesãos e os pequenos patrões. Os mais pobres iam até a venda de seus instrumentos de trabalho e, de patrões, se convertiam em pessoas que só possuíam seus braços. Os que eram um pouco mais ricos, cada vez mais o ficavam, transformavam e ampliavam suas oficinas, instalavam novos estabelecimentos, depois máquinas, contratavam numerosos operários e transformavam-se em fabricantes.

Pouco a pouco, esses ricos se apoderaram de tudo quanto necessário à produção: edifícios, máquinas, matérias-primas, entrepostos e armazéns, casas, usinas, minas, estradas de ferro, navios. *Todos esses meios de produção tornaram-se propriedade exclusiva da classe capitalista* (ou, como se diz, o "monopólio" dos capitalistas). Um punhado de ricos possui tudo; uma imensa quantidade de pobres só possui os seus braços. *O monopólio da classe dos capitalistas sobre os meios de produção é o segundo traço característico do regime capitalista.*

8. O SALÁRIO

Grande número de pessoas que ficaram sem a menor propriedade se transformou em operários assalariados do capital. Que devia fazer, com efeito, o camponês ou artesão arruinado? De duas, uma: ou entrar como criado na casa de um proprietário agrícola ou ir para a cidade a fim de trabalhar numa fábrica ou numa usina. Não havia, para eles, outro caminho. Para eles, não há outra saída. Tal foi a origem do *salariato, este terceiro traço característico do regime capitalista.*

Que é, pois, o salariato? Antigamente, no tempo dos servos e dos escravos, podia vender-se ou comprar cada servo e cada escravo. Homens, com sua pele, seus cabelos, suas pernas e seus braços, eram a propriedade privada de seus senhores. O senhor mandava chicotear, até a morte, o seu servo, assim como quebrava, por exemplo, quando embriagado, uma cadeira ou um tamborete. O servo ou o escravo não passava de uma simples *coisa*. Entre os antigos romanos, as propriedades necessárias à produção eram francamente divididas em "instrumentos de trabalho mudos" (as coisas), "instrumentos de trabalho semimudos" (os animais de carga, carneiros, vacas, bois etc.) e "instrumentos falantes" (os escravos, os homens). Uma pá, um boi, um escravo eram, para o senhor, indiferentemente, instrumentos que ele podia vender, comprar, destruir.

No salariato, o homem, propriamente, não é vendido nem comprado. O que há de vendido ou de comprado é a sua *força de trabalho*, e não ele mesmo. O operário assalariado, pessoalmente, é livre; o fabricante não pode esbordoá-lo nem vendê-lo ao vizinho, não pode, mesmo, trocá-lo por um jovem cão lebréu, como se fazia no tempo da servidão. O que o operário faz propriamente é alugar seus serviços. Considerando pela rama, parece que o capitalista e o operário estão no mesmo pé de igualdade. "Se não quiseres, não trabalhes, ninguém te obriga a trabalhar", dizem os senhores patrões. Chegam mesmo a afirmar que sustentam os operários fazendo-os trabalhar.[8]

Na realidade, os operários e os capitalistas não se encontram no mesmo pé de igualdade. Os operários são acorrentados ao capital pela fome. A fome é que os obriga a empregar-se, isto é, a vender sua força de trabalho. Para o operário, não existe outra escolha. Tendo as mãos vazias, ele não pode organizar sua "própria" produção; que se procure, pois, fundir o aço, tecer, construir vagões, sem máquinas e sem instrumento. Mas a própria terra, no regime capitalista, pertence toda ela a particular; ninguém pode instalar-se em qualquer parte para cultivá-la.[9] A liberdade que tem o operário de vender sua força de trabalho, a liberdade que tem o capitalista de comprá-la, a "igualdade" do capitalista e do operário – tudo isso é, de fato, uma cadeia, a cadeia da fome *que obriga o operário a trabalhar para o capitalista*.

Sendo assim, o salariato consiste, essencialmente, na venda da força de trabalho ou *na transformação dessa força em mercadoria*. Na produção de mercadorias de forma simples, de que se tratou anteriormente, podiam encontrar-se

---

8 É comum ouvir-se, da boca de certos burgueses e pequenos-burgueses "humanitários" e até inteligentes (talvez por isso mesmo), que os industriais são uns "beneméritos" porque – dizem eles – dão a milhares de homens a possibilidade de trabalhar e de ganhar o pão. (N.T.)

9. Há quem afirme, não sem um comovente orgulho patriótico, misturado, é claro, com boa dose de cinismo, que entre nós só não trabalha quem não quer, só não fica rico quem não quer, pois o Brasil tem muitas terras abandonadas. Mas, como ninguém recebe de graça os instrumentos de trabalho necessários e nem tem garantido o seu sustento pelo tempo que durar a aventura, resulta que, para o desempregado que se dirigisse a essas "terras abandonadas", só haveria, na melhor das hipóteses, uma mudança do local de sua morte por inanição. (N.T.)

no mercado pão, leite, tecidos, botas etc., mas nenhuma força de trabalho. Esta força não era vendida. Seu proprietário, o artesão, possuía, ainda, além dela, sua casinha e seus instrumentos. Ele mesmo é que trabalhava, utilizando sua própria força em sua própria exploração.

Não se dá o mesmo no regime capitalista, onde aquele que trabalha não possui nenhum meio de produção; não pode utilizar sua força de trabalho em sua própria exploração; é obrigado, para não morrer de fome, a vendê-la ao capitalista. Ao lado do mercado em que se vendem o algodão, o queijo e as máquinas, cria-se um mercado do trabalho em que os proletários, isto é, os operários assalariados, vendem sua força de trabalho. Consequentemente, o que distingue a produção capitalista da produção de mercadorias é que, na produção capitalista, a própria força de trabalho se converte em mercadoria.

Assim, o terceiro traço característico do regime capitalista é o trabalho assalariado.

9. RELAÇÕES ENTRE OS HOMENS NA PRODUÇÃO CAPITALISTA

Os traços característicos do regime capitalista são, pois, em número de três: 1) *A produção para o mercado (produção de mercadorias);* 2) *A monopolização dos meios de produção pela classe capitalista;* 3) *O trabalho assalariado, isto é, baseado na venda da força de trabalho.*

Mas que relações entretêm os homens quando fabricam e repartem os produtos? Quando se fala de "produção de mercadorias" ou de "produção para o mercado", que significa isso? Significa que os homens trabalham uns para os outros, mas que cada um produz, por sua parte, para o mercado, sem saber quem lhe comprará a mercadoria. Suponhamos o artesão A e o camponês B. O artesão A leva ao mercado as botas que ele fabricou, vendendo-as a B; com o dinheiro recebido, ele compra pão a B. A, quando se dirigia ao mercado, não sabia que havia de encontrar ali B, e B ignorava que havia de encontrar A; um e outro iam, muito simplesmente, ao mercado. Quando A compra o pão e B as botas, parece que B tinha trabalhado para A e A para B; mas isso não se percebe assim, à primeira vista. A confusão do mercado é que os impede de ver que, na realidade, trabalham um para o outro e não podem viver um sem o outro. No regime da produção de mercadorias, os homens trabalham uns para os outros. Consequentemente, neste regime, as funções dos homens se repartem de modo particular; os homens se encontram em *certas relações mútuas*; trata-se, pois, aqui, de relações entre os homens.

Quando se fala da "monopolização dos meios de produção" ou do "trabalho assalariado", trata-se, igualmente, de relações entre os homens. E, com efeito, que significa essa "monopolização"? Significa que os homens, fabricando os produtos com meios de produção de que não são proprietários – os trabalhadores –, estão *sujeitos* aos possuidores desses meios, isto é, aos capitalistas. Em resumo, trata-se, também aí, de relações entre os homens na fabricação dos produtos. Essas relações entre os homens, no curso da produção, chamam-se *relações de produção*.

Não é difícil verificar que as relações de produção não foram sempre as mesmas. Houve um tempo em que os homens viviam em pequenas comunidades, trabalhavam em comum, como camaradas, iam à caça, à pesca, colhiam os frutos e as ervas, e, a seguir, dividiam tudo isso entre si. Era uma forma de relação de produção. No tempo da escravidão, havia outras relações de produção. No regime capitalista, existem ainda outras relações, e assim por diante. Por conseguinte, há diversas *espécies de relações de produção*. São denominadas: *estrutura econômica* da sociedade ou *modos de produção*.

"As relações capitalistas de produção", ou, antes, o que dá na mesma, a "estrutura capitalista da sociedade" – são as relações existentes entre os *homens na produção das mercadorias, efetuadas com meios de produção monopolizados por um punhado de capitalistas e com o trabalhador assalariado da classe operária.*

10. EXPLORAÇÃO DA FORÇA DE TRABALHO

Uma pergunta se impõe. Com que fim a classe capitalista contrata operários? Todo mundo sabe que não é, de nenhum modo, porque os fabricantes desejam sustentar os operários esfomeados, e sim porque *querem tirar lucro deles*. Tendo em vista o lucro é que contrata operários; tendo em vista o lucro é que fareja os lugares em que se vende mais caro. O lucro dirige todos os seus cálculos. Nisso também existe um aspecto curioso da sociedade capitalista. Não é a própria sociedade que produz, com efeito, o que lhe é necessário e útil, mas sim a classe dos capitalistas é que obriga os operários a produzir o que se paga mais caro, aquilo de que ela pode tirar o *maior lucro*. A aguardente, por exemplo, é uma coisa muito prejudicial, e só se deveria fabricar o álcool para aplicações técnicas e medicinais. E, no entanto, em todo o mundo há capitalistas que consagram todas as suas energias à fabricação da aguardente. Por quê? Porque se pode tirar um grande lucro da embriaguez do povo.

Precisamos explicar, agora, como se forma o lucro. Para isso, encaremos de mais perto a questão. O capitalista recebe o seu lucro sob a forma de dinheiro, ao vender a mercadoria produzida em sua fábrica. Que soma recebe ele? Depende do *preço da mercadoria*. Mas o que é que fixa este preço? Por que é ele alto para certas mercadorias e baixo para outras? Uma coisa, aí, é fácil de observar: quando, numa indústria qualquer, introduzem-se novos maquinismos e o trabalho nela se torna vantajoso ou, como se diz, mais *produtivo*, o preço das mercadorias baixa. Pelo contrário, quando a produção é difícil e se produzem menos mercadorias, o trabalho é menos produtivo e o preço das mercadorias sobe.[10]

Se a sociedade emprega, em média, muito trabalho para fabricar uma mercadoria, o preço desta última é elevado; se o trabalho foi menor, o preço é baixo. *A quantidade de trabalho social fornecida por uma técnica média* (isto é, por máquinas e instrumentos que, sem serem os melhores, não são os piores) *e empregada para a produção de uma mercadoria determina o valor (ou o custo dessa mercadoria)*. Vemos, agora, que o preço é fixado pelo valor. Na realidade, o preço é ora mais elevado, ora mais baixo que o valor, mas, para simplificar, podemos admitir que valor e preço são iguais.

Lembremo-nos, agora, do que dissemos a respeito do engajamento dos operários: engajar é comprar uma mercadoria particular – *a força de trabalho*. Mas, uma vez que a força de trabalho é convertida em mercadoria, tudo o que se refere às mercadorias lhe é aplicável. Quando o capitalista engaja um operário, paga-lhe o preço ou, para simplificar, o valor de sua força de trabalho. Por que meio este valor é determinado? Vimos que, para todas as mercadorias, ele é determinado pela quantidade de trabalho empregada em produzi-las. Assim também no que diz respeito à *força de trabalho*.

Mas o que se entende por produção da força de trabalho? A força de trabalho não se produz numa fábrica; não é nem tecido, nem graxa, nem máquina. Que se entende por sua produção?

É bastante observar a vida real, no regime capitalista, para compreender do que se trata. Suponhamos que os operários tenham terminado o seu trabalho. Estão muito cansados, não têm mais força, não podem mais trabalhar. Quase

---

10. Falamos aqui da variação dos preços independentemente do valor da moeda, sem tomar em conta se a moeda é de ouro ou de papel, nem se ela é mais ou menos abundante. Estas variações podem ser muito grandes, mas, neste caso, se manifestam sobre todas as mercadorias ao mesmo tempo; não explicam, pois, as diferenças de preço entre as mercadorias. Por exemplo, uma grande quantidade do papel-moeda fez crescerem formidavelmente os preços em todos os países. Mas essa carestia não é ainda suficiente para explicar por que uma mercadoria custa mais caro que outra.

se esgotou a sua força de trabalho. É preciso comer, descansar, dormir, refazer o organismo e, desta maneira, "reconstituir suas forças". Somente em seguida é que reaparece a possibilidade de trabalhar, reconstituindo-se a *força de trabalho*. A alimentação, a roupa, o alojamento etc. – em suma, *a satisfação das necessidades do operário é que, portanto, representa a produção da força de trabalho*. É preciso, porém, juntar a isso elementos tais como as despesas de aprendizagem, em se tratando de operários qualificados.

Tudo o que consome a classe operária, a fim de renovar sua força de trabalho, tem um valor; em consequência, o valor dos gêneros alimentícios, bem como as despesas de aprendizagem, é o que constitui *o valor da força de trabalho*. A mercadorias diferentes correspondem valores diferentes. Assim, também, cada espécie de força de trabalho tem seu valor; a força de trabalho de um tipógrafo é diferente da de um servente de pedreiro, e assim por diante.

Tratemos, de novo, da fábrica. O capitalista compra a matéria-prima, o combustível, as máquinas, o lubrificante e outras coisas indispensáveis; em seguida, ele compra a força de trabalho, "engaja operários". Tudo isso ele faz com dinheiro à vista. Começa a produção. Os operários trabalham, as máquinas rodam, consome-se o combustível, gasta-se o óleo, o edifício estraga-se, esgota-se a força de trabalho. Em compensação, da fábrica sai uma nova mercadoria. Essa mercadoria, como todas as mercadorias, tem um valor. Qual é o seu valor? Em primeiro lugar, a mercadoria absorveu o valor dos meios de produção que foram gastos para ela: a matéria-prima, o combustível consumido, o uso das máquinas etc. Isso tudo faz, agora, parte do valor da mercadoria.

Em segundo lugar, entrou nela o trabalho dos operários. De 30 operários, cada um trabalhou 30 horas no seu fabrico. Isso faz um total de 900 horas de trabalho; por conseguinte, o valor total da mercadoria produzida se comporá do valor das matérias gastas (suponhamos, por exemplo, que este valor seja igual a 600 horas de trabalho) e do valor novo que os operários lhe ajuntaram com o seu trabalho (900 horas), o que quer dizer que ele será de (600 + 900) 1.500 horas de trabalho.

Mas quanto custa a mercadoria ao capitalista? Ele pagou totalmente a matéria-prima, isto é, uma soma correspondente quanto ao seu valor, a 600 horas de trabalho. E a força de trabalho? Ele, por acaso, pagou integralmente as 900 horas? Este é o nó da questão. Ele pagou, de acordo com o que supusemos, todo o valor da *força de trabalho* em razão dos dias de trabalho. Quando 30 operários trabalham suas 30 horas durante três dias, ou seja, 10 horas por dia, o fabricante paga a quantia necessária para a reconstituição de sua força de trabalho em razão desses três dias. Que quantia é essa? A resposta é simples: ela é muito inferior ao valor de 900 horas. Por quê? Porque uma coisa é a quantidade de trabalho necessária ao sustento de minha força de trabalho, e outra coisa, muito diferente, é a quantidade de trabalho que posso fornecer.

Posso trabalhar 10 horas por dia. E, para comer, vestir-me etc., preciso, para um dia, de objetos de um valor igual a 5 horas. Por conseguinte, posso trabalhar muito mais que o necessário para o sustento de minha força de trabalho. Dentro do nosso exemplo, admitamos que os operários só gastem, para alimentar-se, vestir-se etc., durante três dias, produtos de um valor de 450 horas de trabalho, fornecendo um trabalho de 900 horas: ficam 450 horas para o capitalista *que formam precisamente a fonte de seu lucro.*

Na realidade, a mercadoria custa ao capitalista, como vimos (600 + 450), 1.050 horas, e ele a vende por um valor de (600 + 900), 1.500 horas; as 450 horas são a *mais-valia*[11] criada pela força de trabalho. Segue-se daí que os operários trabalham a metade de seu tempo (sejam 5 horas num dia de 10 horas) para reconstituir o que eles gastam para si mesmos, e a outra metade é empregada por eles, inteiramente, para o capitalista.

Consideremos, agora, a sociedade inteira. Porque não é o que individualmente faz o fabricante ou o operário que nos interessa. O que nos interessa é o mecanismo desta máquina gigantesca que se chama sociedade capitalista. A classe capitalista faz trabalhar a classe operária, numericamente formidável. Em milhares de fábricas, nos poços das minas, nas florestas e nos campos, trabalham, como se fossem formigas, centenas de milhões de operários. O capitalista lhes paga, a título de salário, o valor de sua força de trabalho, valor este que se destina à renovação desta mesma força de trabalho em favor dele, capitalista. A classe operária não recebe integralmente o produto de seu trabalho: *ela cria a renda das classes superiores, cria a mais-valia.* Esta mais-valia vai para o bolso dos patrões por milhares de canais. Uma parte é embolsada pelo próprio capitalista, é o seu lucro de empresário; outra parte é embolsada pelo proprietário e possuidor da terra; outra vai ter, na forma de impostos, às mãos do Estado capi-

---

11. O neologismo mais-valia é a tradução literal do francês *plus-value* e do termo original alemão (*Mehrwert*) empregado por Marx em sua obra *O capital*. Encontra similares em português: mais querer, menos preço etc. De resto, a sua consagração pelo uso entre marxistas brasileiros e portugueses é mais importante do que certas manifestações extemporâneas, contrárias ao termo, de alguns gramaticômanos sem futuro. (N.T.)

talista; e outra aos lojistas, aos merceeiros, às igrejas e aos prostíbulos, aos atores e aos palhaços, aos escritores burgueses etc. À custa dessa mais-valia vivem todos os parasitas chocados pela galinha de ouro da ordem social capitalista. Uma parte dessa mais-valia é, por sua vez, utilizada pelos capitalistas. Seu capital cresce. Estendem as empresas, contratam mais operários. Adquirem novas máquinas. Um maior número de operários fornece-lhes uma mais-valia ainda maior. Cada vez mais vastas se tornam as empresas capitalistas. Assim, a cada minuto, progride o capital, acumulando mais-valia. O capital, sugando a mais-valia dos trabalhadores, explorando-os, cresce continuadamente.

11. O CAPITAL

Vemos agora, claramente, o que é o capital. É, antes de tudo, um valor determinado, seja na forma de dinheiro, de máquinas, de matérias-primas, de edifícios, de fábricas, seja na forma de produtos fabricados. Mas trata-se de um valor que serve para produzir um novo valor: a mais-valia. *O capital é um valor que produz a mais-valia. A produção capitalista é a produção da mais-valia.*

Na sociedade capitalista, as máquinas, os edifícios, representam um capital. Mas são sempre capital? Não. Se existisse um sistema fraternal de produção para toda a sociedade, nem as máquinas nem as matérias-primas seriam capital, porque não serviriam mais para extrair lucro em benefício de um punhado de ricos. Por conseguinte, as máquinas, por exemplo, só se *transformam em capital na medida* em que são a propriedade privada da classe dos capitalistas e servem para explorar o trabalho assalariado, para produzir a mais-valia.

Não tem importância a *forma* desse valor; tanto ele pode consistir em pequenas moedas de ouro como em papel-moeda, e é com ele que o capitalista compra os meios de produção e a força de trabalho; esse valor pode, também, assumir a forma de máquinas, com as quais trabalham os operários, ou de matérias-primas, que eles convertem em mercadorias, ou, ainda, de produtos manufaturados que serão vendidos mais tarde. *Entretanto, desde o momento em que esse valor serve para a produção da mais-valia, trata-se do capital.*

De ordinário, o capital só deixa uma forma para tomar outra. Vejamos como se opera a transformação:

I – O capitalista ainda não comprou força de trabalho, nem meios de produção. Mas anseia por contratar operários, procurar máquinas, fazer vir matérias-primas, carvão em quantidade bastante. Nesse momento, ele nada tem a não ser o dinheiro. O capital apresenta-se aí *na forma de moeda*.

II – Com essa provisão de dinheiro, o capitalista vai ao mercado (está visto que não o faz pessoalmente, porque tem para isso o telefone, o telégrafo etc.). Uma vez aí, dá-se a compra dos meios de produção e da força de trabalho. O capitalista volta à fábrica sem dinheiro, mas com operários, máquinas, matérias-primas, combustível. Todas essas coisas, agora, não são mais mercadorias. Deixaram de ser mercadorias, pelo fato de não se prestarem mais à venda. O dinheiro foi transformado em meios de produção e em força de trabalho, perdendo o seu aspecto monetário. O capital apresenta-se, agora, *sob a forma de capital industrial.*

Em seguida começa o trabalho. As máquinas entram em ação, as rodas giram, as alavancas funcionam, os operários e as operárias suam em bicas, as máquinas gastam-se, as matérias-primas diminuem, a força de trabalho esgota-se.

III – Então, todas essas matérias-primas, o uso das máquinas, a força de trabalho em ação se transformam, pouco a pouco, em pilhas de mercadorias. Desta vez, o capital deixa o aspecto material de instrumento de fabricação e aparece como uma pilha de mercadorias. É o capital em sua *forma comercial.* Mas não só mudou de aspecto como *aumentou, também, de valor, porque, no curso da produção, foi acrescido da mais-valia.*

IV – Não obstante, o capitalista não faz produzir mercadorias para seu uso pessoal, e sim para o mercado, para a venda. O que acumulou no seu depósito tem de ser vendido. A princípio, o capitalista ia ao mercado na qualidade de comprador; agora, deve ir aí como vendedor. No princípio, tinha o dinheiro em mãos e queria adquirir mercadorias (os meios de produção); agora, ele tem nas mãos as mercadorias e quer obter dinheiro. Quando a mercadoria é vendida, o capital passa de novo *de sua forma comercial para sua forma monetária.* Porém a quantidade de dinheiro recebida pelo capitalista não é mais a que ele dera no começo, *porque ela cresceu com o excedente da mais-valia.*

Contudo, ainda não terminou a circulação do capital. O capital aumentado é novamente posto em movimento e adquire uma quantidade ainda maior de mais-valia. Essa mais-valia se junta em parte ao capital e tem início um novo ciclo, e assim consecutivamente. O capital, como se fosse uma bola de neve, rola sem cessar, e, a cada volta, uma quantidade crescente de mais-valia se lhe agrega. Isso quer dizer que a produção capitalista cresce e amplia-se.

Eis como o capital subtrai a mais-valia à classe operária e se infiltra em toda parte. Seu crescimento rápido explica-se por suas qualidades particulares. É verdade que a exploração de uma classe por outra já existia antes. Mas tomemos para exemplo um proprietário agrícola no tempo da servidão ou um senhor de escravos na Antiguidade. Eles oprimiam seus servos ou seus escravos. Tudo o que estes produziam era comido pelos senhores, era bebido por eles, por eles mesmos consumidos ou o faziam consumir por sua corte ou seus numerosos parasitas. A produção das mercadorias era muito fraca e não se podia *vendê-las* em parte alguma. Se os proprietários ou os senhores tivessem querido obrigar seus servos ou seus escravos à produção de montanhas de pão, de carne, de peixe etc., tudo isso *teria apodrecido*. A produção limitava-se, então, a satisfazer às necessidades do proprietário e de sua comitiva. O mesmo não se dá no regime capitalista. Nele, não se produz para a satisfação das necessidades, e sim para o *lucro*. Produz-se a mercadoria para vendê-la, realizar um ganho, *acumular* lucro. Quanto maior for o lucro, tanto melhor. Daí essa corrida insensata da classe capitalista em busca do lucro. Esta sede de lucros não tem limites. Ela é o eixo, o motor principal da produção capitalista.

12. O ESTADO CAPITALISTA

A sociedade capitalista baseia-se, como vimos, na exploração da classe operária. Um punhado de indivíduos possui tudo; a maioria dos operários nada possui. Os capitalistas mandam, os operários obedecem. Os capitalistas exploram, os operários são explorados. A sociedade capitalista consiste essencialmente nesta exploração implacável e sempre crescente.

A produção capitalista é uma bomba que se destina a aspirar a mais-valia. Como, porém, pode funcionar essa bomba há tanto tempo? Como os operários suportam semelhante situação? Há duas razões principais: 1) a organização e a força estão nas mãos dos capitalistas; 2) a burguesia domina geralmente os cérebros da classe operária.

O esteio mais firme da burguesia é a *organização do Estado*. Em todos os países capitalistas, o Estado não passa de uma *coligação de patrões*. Escolhamos, ao acaso, qualquer país: a Inglaterra ou os Estados Unidos, a França ou o Japão... Ministros, altos funcionários, deputados são sempre os mesmos capitalistas, proprietários, usineiros, banqueiros ou seus servidores fiéis, e bem pagos, que os servem não por medo, mas cheios de zelo: advogados, diretores de bancos, professores, generais e bispos.

A organização de todos esses burgueses, que abraça o país inteiro e o prende em suas garras, chama-se Estado. Ela tem um duplo fim: o principal é *reprimir as desordens e as revoltas dos operários, sugar mais à vontade a mais-valia da classe operária e assegurar a solidez do modo capitalista de produção*; o outro fim é lutar contra outras organizações semelhantes (outros Estados burgueses) para a divisão da mais-valia extorquida. Assim, o Estado capitalista é uma associação de patrões que garante a exploração. *São exclusivamente os interesses do capital que guiam a atividade desta associação de bandidos.*

A essa concepção do Estado burguês podem ser feitas as seguintes objeções: Dizeis que o Estado é guiado unicamente pelos interesses do capital. Mas olhai: em todos os países capitalistas existem leis operárias que proíbem ou limitam o trabalho das crianças, diminuem o dia de trabalho etc.; na Alemanha, por exemplo, no tempo de Guilherme II, o seguro-operário não era mal organizado pelo Estado; na Inglaterra, foi igualmente um ministro burguês, o ativo Lloyd George, que instituiu os seguros e os asilos para os velhos; em todos os Estados burgueses constroem-se hospitais e casas de convalescença para os operários; constroem-se estradas de ferro que transportam tanto os pobres quanto os ricos; fazem-se aquedutos, canalizações de água nas cidades etc., e todo mundo se utiliza dessas coisas. Por conseguinte – dirão muitos –, mesmo num país em que o capital domina, o Estado não age unicamente no interesse do capital, mas também no interesse dos operários. Ele impõe mesmo, algumas vezes, multas aos fabricantes que transgridem as leis operárias.

Essas objeções não se justificam, e diremos por que. É verdade que o poder burguês dita, algumas vezes, leis e decretos de que se aproveita também a classe operária. Mas, se ele o faz, é no interesse da burguesia. Tomemos como exemplo a estrada de ferro: elas são utilizadas pelos operários, servem também aos operários, mas não são construídas para eles. Comerciantes e fabricantes precisam delas para o transporte de suas mercadorias, a circulação de seus gêneros, a mobilização das tropas e dos operários etc. O capital precisa de estradas de ferro e as constrói para o seu *próprio* interesse. Elas são úteis, também, aos operários, mas esta não é a razão que faz com que o Estado capitalista as construa. Consideremos, também, a limpeza das ruas, o serviço municipal de assistência e os hospitais; a burguesia também os assegura nos bairros operários. É bem verdade que, comparados aos bairros burgueses, os bairros operários são sujos e constituem focos de infecção etc. Mas, ainda assim, a burguesia faz alguma coisa. Por quê? Muito naturalmente porque, a não ser assim, as doenças e as epidemias se espalhariam por toda a cidade e iriam causar sofrimento aos burgueses. O Estado burguês e seus órgãos das cidades são guiados, também, nesses casos, pelos interesses da *própria burguesia*.

Ainda um exemplo. Na França, nos últimos dez anos, os operários aprenderam com a burguesia a limitar artificialmente os nascimentos: ou as famílias não têm filhos ou não têm mais de dois. A miséria, entre os operários, é tão grande que se torna difícil e quase impossível sustentar uma família numerosa. A consequência é que a população da França quase não aumenta mais.

Os soldados começam a faltar à burguesia francesa. Eis que esta se lamenta: "A nação corre perigo! Na Alemanha, a população aumenta mais depressa do que em nosso país.". Seja dito de passagem: os soldados que se apresentavam à chamada todos os anos eram baixos, fracos do peito, pouco vigorosos. Então, a burguesia tornou-se, subitamente, mais "liberal"; ela mesma lutou por certas melhorias em proveito da classe operária para que esta se fortalecesse um pouco e produzisse mais filhos. Isso porque, morrendo a galinha, lá se vão os ovos.

Em todos esses casos, a burguesia é que adota, por si mesma, medidas úteis aos operários, mas, para isso, ela é guiada por seus próprios interesses. Há casos em que leis úteis são ditadas pela burguesia *sob a pressão da classe operária*. São os mais numerosos. Quase todas as "leis operárias" foram obtidas deste modo – por meio de ameaça dos operários. Na Inglaterra, a primeira diminuição do dia de trabalho – reduzido a dez horas – foi adquirida sob a pressão dos operários; na Rússia, o governo czarista promulgou as primeiras leis sobre fábricas amedrontado pela agitação e pelas greves. Nesse caso, o Estado, inimigo da classe operária, o Estado, esta coligação de patrões, faz o cálculo seguinte, em seu próprio interesse: "É melhor ceder alguma coisa hoje do que ceder amanhã o duplo e arriscar, talvez, nossa pele". Assim como o fabricante, cedendo aos grevistas e aumentando-os alguns tostões, não deixa de ser fabricante, o Estado burguês também não deixa de ser burguês quando, ameaçado por uma agitação operária, atira um ossinho ao proletariado.

O Estado capitalista não é somente a maior e a mais poderosa organização burguesa; é, ao mesmo tempo, uma organização *muito complicada*, com numerosas funções e cujos tentáculos se distendem em todos os sentidos. Tudo isso tem por fim principal a defesa, o reforçamento e a extensão da *exploração dos operários*. O Estado dispõe, contra a classe operária, tanto de meios de coerção brutal quanto de escravidão moral, meios que constituem os órgãos mais importantes do Estado capitalista.

Entre os meios de coerção brutal, é preciso notar, em primeiro lugar, *o exército, a polícia civil e militar*, as *prisões* e os *tribunais*, e seus órgãos auxiliares: espiões, provocadores, fura-greves, capangas etc.

O *exército*, no Estado capitalista, é uma organização à parte. À sua frente estão os oficiais superiores, as "altas patentes". Recrutam-se entre os intelectuais. São os mais encarniçados inimigos do proletariado; são instruídos, desde a sua mocidade, em escolas militares especiais. Ensinam-nos a embrutecer os soldados, a defender a honra da "farda", isto é, a conservar os soldados em completa escravidão e a fazer deles peões de jogo de xadrez. Os mais capazes desses aristocratas e grandes burgueses chegam a generais e cobrem-se de cruzes e condecorações.

Os oficiais também não saem das classes pobres. *Têm nas mãos toda a massa dos soldados.* E os soldados estão de tal modo trabalhados que não se atrevem a perguntar por que se batem e só veem com os olhos dos superiores. Tal exército se destina, antes de tudo, à repressão dos movimentos operários.

Na Rússia, o exército do czar serviu, por mais de uma vez, para reprimir revoltas de operários e de camponeses. No reinado de Alexandre II,[12] antes da libertação dos camponeses,[13] numerosas revoltas de camponeses foram sufocadas pelo exército. Em 1905, o exército fuzilou os operários durante a insurreição de Moscou, efetuou expedições de castigo nas Províncias Bálticas, no Cáucaso, na Sibéria, entre 1906-1908, reprimiu as revoltas dos camponeses e protegeu os bens dos proprietários de terras. Durante a guerra, fuzilou os operários em Ivanovo-Vosnessensk e em Kostroma. Os mais cruéis foram, em toda parte, os oficiais e os generais.

No exterior se dá o mesmo. Na Alemanha, o exército do Estado capitalista serviu também para passar a fio de espada os operários. A primeira revolta de marinheiros foi reprimida pelo exército. Na França, por mais de uma vez, o exército fuzilou os grevistas; atualmente, fuzila os operários e os soldados russos revolucionários.[14] Na *Inglaterra*, ainda nestes últimos tempos, o exército, por diversas vezes, afogou em sangue as revoltas dos operários irlandeses, dos semiescravos egípcios e atacou as reuniões operárias na própria Inglaterra. Na Suíça, quando se declara uma greve, são mobilizadas as metralhadoras e a intitulada milícia; mais de uma vez, essa milícia atirou nos operários.[15] Nos *Esta-*

---

12. De 1855 a 1881. (N.T.)
13. Isto é, antes da abolição da servidão, em 1861. (N.T.)
14. Bukharin escreveu em 1919. (N.T.)
15. Note-se que se trata da Suíça... Essa mesma Suíça tão decantada como o país "ideal" da democracia! (N.T.)

dos Unidos, o exército sempre queimou e arrasou cidades inteiras de operários (durante a greve do Colorado, por exemplo). Os exércitos dos Estados capitalistas se unem, atualmente, para sufocar a revolução dos operários na Rússia, na Hungria, nos Balcãs, na Alemanha e para reprimir a Revolução Proletária no mundo inteiro.

Polícias militar e civil – O Estado capitalista, além de seu exército regular, possui ainda um corpo de vadios exercitados e tropas especialmente instruídas para a luta contra os operários. É verdade que essas instituições (a polícia, por exemplo) têm, igualmente, por fim, a luta contra os ladrões e a chamada "garantia pessoal e material dos cidadãos", mas elas são mantidas, também, para caçar, perseguir e castigar os operários descontentes. Na Rússia, os agentes de polícia eram os mais seguros defensores dos proprietários de terras e do czar. A polícia mais brutal, em todos os Estados capitalistas, é a polícia secreta (a polícia política, chamada de *Okhrana* na Rússia), assim como a cavalaria. Com elas trabalham uma infinidade de agentes secretos, provocadores, espiões, fura--greves e toda uma corja.

A esse respeito, é muito interessante o modo de atuação da polícia secreta americana. Ela tem relações com uma quantidade imensa de escritórios de detetives privados ou semioficiais. As célebres aventuras de Nat Pinkerton foram, na realidade, agressões aos operários. Os provocadores colocavam bombas nas casas dos líderes operários, procuravam convencê-los de que deviam assassinar os capitalistas etc. Estes mesmos detetives alistam uma quantidade regular de fura-greves (chamados *scabs*), bem como destacamentos de vagabundos organizados que matam, na ocasião propícia, os operários em greve. Não há infâmias de que não sejam capazes esses bandidos ao serviço do Estado "democrático" dos capitalistas americanos.

A *Justiça*, no Estado burguês, é um meio de defesa para a burguesia; antes de tudo, ela condena os que se atrevem a atentar contra a propriedade capitalista ou contra o regime capitalista. Esta justiça condenou Liebknecht aos trabalhos forçados e absolveu seus assassinos. As *autoridades judiciárias* procedem com o mesmo rigor dos carrascos do Estado burguês. O fio da sua espada é dirigido contra os pobres e não contra os ricos.

Tais são as instituições do Estado capitalista que têm a incumbência da repressão direta e brutal da classe operária.

Entre os meios de escravização moral da classe operária que estão à disposição do Estado capitalista é preciso ainda mencionar os três principais: a *escola oficial*, a *igreja oficial* e a *imprensa oficial* ou pelo menos sustentada pelo Estado burguês.

A burguesia compreende muito bem que ela não dominará as massas operárias só pela força bruta. Precisa, pois, tecer, em torno dos cérebros das massas, uma fina teia de aranha. O Estado burguês tem os operários na conta de bestas de carga: é preciso que este gado trabalhe, mas não dê coices. É necessário, pois, não só espancá-lo e fuzilá-lo, assim que ele escoiceie, como também domesticá-lo, dominá-lo, como fazem certos especialistas nos picadeiros. Assim também o Estado capitalista educa, para o abastardamento, o embrutecimento e a domesticação do proletariado, técnicos, professores públicos e mestres burgueses, padres e bispos, escrivinhadores e jornalistas burgueses. Na escola, esses especialistas ensinam às crianças, desde a mais tenra idade, a obedecer ao capital; a desprezar e a odiar os revoltados; desfiam diante delas uma série de lendas sensaborosas sobre a Revolução e o movimento revolucionário; czares, reis, industriais são glorificados; nas igrejas, os padres a soldo do Estado proclamam: "Não há poder que não venha de Deus"; os jornais burgueses buzinam todos os dias aos ouvidos de seus leitores operários esta mentira burguesa. Em tais condições, é fácil ao operário sair de seu atoleiro?

Um bandido imperialista alemão escreveu: "Temos necessidade tanto das pernas dos soldados como de seu cérebro e de seu coração". O Estado burguês quebra lanças justamente para fazer da classe operária um *animal doméstico* que trabalhe como um cavalo, produza a mais-valia e fique inteiramente manso. É assim que o regime capitalista garante o seu desenvolvimento. A máquina de exploração põe-se a agir. Da classe operária oprimida extrai-se continuamente a mais-valia. E o Estado capitalista, de sentinela, impede que os escravos assalariados se revoltem.

13. CONTRADIÇÕES PRINCIPAIS DO REGIME CAPITALISTA

Agora, é preciso indagar se a sociedade burguesa está bem construída. Uma coisa só é sólida e boa quando todas as suas partes se ajustam bem. Tomemos, como exemplo, um mecanismo de relógio: ele só funciona regularmente e sem parar quando cada roda se adapta bem à roda vizinha, dente por dente. Consideremos, agora, a sociedade capitalista. Notamos, sem esforço, que ela não está solidamente construída, como parece, e que, pelo contrário, deixa transparecer grandes contradições e apresenta graves fendas.

Antes de tudo, no regime capitalista *não existe produção nem repartição organizadas das mercadorias; há a anarquia da produção*. Que significa isso? Significa que cada patrão capitalista (ou cada associação de capitalistas) produz as mercadorias independentemente dos outros. Não é a sociedade inteira que calcula o que lhe é preciso, mas simplesmente os industriais que fazem fabricar, visando somente à realização do maior lucro possível e à derrota de seus concorrentes no mercado. Por isso produzem-se, por vezes, mercadorias em excesso (trata-se, evidentemente, da situação anterior à guerra) e não se pode escalá-las, uma vez que os operários não podem comprá-las por falta de dinheiro. Então, sobrevém uma *crise*; as fábricas são fechadas, os operários, postos no olho da rua.

Ainda mais, a anarquia na produção arrasta consigo *a luta pelo mercado*; cada produtor quer retirar do outro seus compradores, atraí-los para o seu lado, açambarcar o mercado. Essa luta assume diversas formas, múltiplos aspectos, começando pela luta entre dois fabricantes e acabando pela guerra mundial entre os Estados capitalistas para a partilha dos mercados do mundo inteiro. Não se trata mais, aí, apenas das partes integrantes da sociedade capitalista que se entrosam umas nas outras, mas de um verdadeiro choque entre elas.

Portanto, a primeira causa do deslocamento do capitalismo é a anarquia na produção, que se manifesta pelas crises, pela concorrência e pelas guerras.

A segunda causa de deslocamento é a divisão em classes. Porque a sociedade capitalista, no fundo, não constitui uma única sociedade, mas está partida em duas: os capitalistas de um lado; os operários e os pobres do outro. Essas duas sociedades hostilizam-se mútua, irreconciliável e continuamente; hostilidade que se traduz pela luta de classes. Vemos de novo que as diversas partes da sociedade capitalista não só se ajustam umas às outras como se encontram em contínuo antagonismo.

O capitalismo se desmoronará ou não? A resposta depende do seguinte exame: se, observando o desenvolvimento tomado pelo capitalismo no correr dos tempos, vemos que seu deslocamento vai diminuindo, podemos profetizar--lhe uma longa vida; se, pelo contrário, descobrirmos que, com o tempo, as diversas partes da sociedade capitalista se chocam cada vez mais fortemente e de modo inevitável, e que as fendas desta sociedade devem, de modo não menos inevitável, transformar-se em abismos, então poderemos entoar o *De Profundis...*

É preciso, pois, estudar o desenvolvimento capitalista.

CAPÍTULO II
Desenvolvimento do regime capitalista

14. LUTA ENTRE A PEQUENA INDÚSTRIA, ENTRE A PROPRIEDADE INDIVIDUAL, GANHA PELO TRABALHO, E A PROPRIEDADE CAPITALISTA, ADQUIRIDA SEM TRABALHO

a) Luta entre a pequena e a grande produção na indústria
As grandes usinas, que contam, às vezes, mais de dez mil operários, com suas máquinas gigantescas, monstruosas, nem sempre existiram. Elas nasceram do desaparecimento gradual e quase completo do pequeno artesanato e da pequena indústria. Para compreender esta evolução é preciso primeiro observar que a propriedade privada e a produção de mercadorias tornam inevitável a luta pelo comprador: a *concorrência*. Quem triunfa nessa luta? Aquele que sabe conquistar para si o comprador e separá-lo de seu concorrente (seu rival). Ora, o comprador é atraído principalmente pelo preço mais baixo das mercadorias.[16] Mas quem pode vender em melhores condições? É claro que o grande fabricante pode vender mais barato que o pequeno fabricante ou o artesão, porque a mercadoria lhe custa menos. A grande indústria dispõe, com efeito, de uma infinidade de vantagens.

Em primeiro lugar, o grande proprietário da empresa capitalista está em condições de instalar melhores máquinas, de empregar melhores instrumentos e melhores aparelhos. O artesão e o pequeno patrão ganham penosamente a vida; trabalham ordinariamente com máquinas movidas à mão; não se atrevem a pensar, por falta de recursos, nas grandes e boas máquinas. O pequeno capitalista,

---

16. Trata-se, aqui, da situação anterior à guerra; em seguida às destruições da guerra, não é o vendedor que procura o comprador, mas é o comprador que procura o vendedor.

igualmente, não está em condições de introduzir as máquinas mais modernas. Quanto maior for a empresa, mais aperfeiçoada é a *técnica*, mais produtivo é o trabalho – mais baixo é o custo da mercadoria.

Nas grandes usinas da América e da Alemanha existem mesmo laboratórios científicos que descobrem continuamente novos aperfeiçoamentos, unindo assim a ciência à indústria; essas invenções constituem o segredo da empresa e só a ela servem.

Na pequena indústria e no artesanato, um mesmo operário fabrica o produto quase inteiro: no trabalho à maquina com numerosos operários, um faz uma parte, outro uma segunda, outro uma terceira e assim seguidamente. O trabalho vai muito mais rápido assim; é o que se chama de *divisão do trabalho*. Podemos avaliar as vantagens alcançadas desta forma, segundo um inquérito americano de 1898. Eis os resultados a que ele chegou: para a fabricação de dez arados, o trabalho à mão exige 2 operários, cada um fazendo 11 operações diferentes, trabalhando, ao todo, 1.180 horas e ganhando 54 dólares; o mesmo trabalho feito à máquina exige 52 operários, 97 operações diferentes (quanto maior for o número de operários, mais eles serão especializados), trabalhando 31 horas, 28 minutos e ganhando 7,9 dólares (por consequência, a perda de tempo foi infinitamente menor e o trabalho se tornou consideravelmente mais barato). Para a fabricação de 100 rodas de relógio, o trabalho à mão exige 14 operários, 453 operações diferentes, 341.866 horas de trabalho e 80.822 dólares; com máquinas: 10 operários, 1.088 operações, 8.343 horas de trabalho e 1.794 dólares. Para fabricação de 500 jardas de um tecido de xadrez, o trabalho à mão exige 3 operários, 19 operações, 7.534 horas, 135,6 dólares; o trabalho à máquina: 252 operários, 43 operações, 84 horas, 6,81 dólares. Poder-se-ia, ainda, citar grande quantidade de exemplos semelhantes. De outro lado, toda uma série de ramos de produção que necessitam uma alta técnica, tais como a construção de vagões, de couraçados, as minas, fica, pode-se dizer, inacessível aos pequenos patrões ou aos artesãos.

A grande indústria *economiza* em tudo: nos edifícios, nas máquinas e nas matérias-primas, na iluminação e no aquecimento, na mão de obra e na utilização dos restos etc. Suponhamos, com efeito, mil pequenas oficinas e uma só grande fábrica que produza sozinha tanto quanto essas mil oficinas; é mais fácil construir um só edifício grande do que mil pequenos; maior é o gasto de matérias-primas nas mil pequenas oficinas; há mais imperfeição, mais desperdício; é mais fácil iluminar e aquecer uma só grande fábrica do que mil pequenas oficinas; é, igualmente, mais fácil mantê-la, limpá-la, fiscalizá-la, repará-la etc. Em resumo: uma grande empresa, além de tudo isso, poderá poupar-se ou, como se diz comumente, *economizar*.

Na compra das matérias-primas e de tudo o que é necessário para a produção, a grande indústria ainda leva vantagem. No atacado é que se compra a melhor mercadoria e a preços melhores; de resto, o grande fabricante, conhecendo melhor o mercado, sabe onde e como comprar mais barato. *Na venda de suas mercadorias*, igualmente, a pequena empresa sempre fica em situação inferior. O grande patrão sabe melhor onde pode vender mais caro (tem, para este fim, seus viajantes, está em relações com a Bolsa onde estão centralizados os dados sobre a procura de mercadorias; comunica-se com quase todo o mundo). Mas, sobretudo, pode *esperar*. Se, por exemplo, os preços de suas mercadorias estão muito baixos, ele pode guardar essas mercadorias no depósito e esperar o momento em que elas hão de subir. O pequeno patrão não o pode fazer. Ele vive do que vendeu. Uma vez vendida a mercadoria, ele precisa logo viver do dinheiro recebido: não tem dinheiro guardado. Assim, é obrigado a vender por qualquer preço; do contrário, é homem morto. É claro que, com isso, sofre grande prejuízo.

Enfim, a grande indústria encontra ainda vantagens *no crédito*. Quando o grande patrão tem necessidade urgente de dinheiro, pode sempre tomar emprestado. Qualquer banco emprestará a uma "casa séria" e com um juro relativamente pequeno. Mas quase ninguém terá confiança num pequeno patrão. E, mesmo que ele inspire confiança, emprestar-lhe-ão dinheiro com juros de agiota. Assim, o pequeno industrial cai facilmente nas garras do agiota.

Todas essas vantagens da grande indústria explicam-nos por que a pequena indústria desaparece inevitavelmente na sociedade capitalista. É morta pelo grande capital, que lhe arrebata o comprador, arruina-a e transforma seu proprietário em proletário ou em mendigo. É evidente que o pequeno patrão procura defender-se. Ele luta com tenacidade, trabalha por si mesmo e faz trabalhar seus operários e sua família além de suas forças, mas, finalmente, vê-se obrigado a ceder terreno ao capital. Quase sempre um pequeno patrão, na aparência independente, depende completamente, de fato, de um capitalista trabalhando para ele, caminhando graças a ele. O pequeno industrial quase sempre depende do agiota; sua independência é ilusória; na realidade, ele só trabalha para esse sanguessuga; ora depende do açambarcador que lhe compra as mercadorias, ora do armazém para o qual trabalha (ainda neste caso, ele só na aparência é independente; de fato, tornou-se um assalariado do comerciante capitalista); acontece, também, que o capitalista é quem lhe fornece as matérias-primas e a ferramenta (é, muitas vezes, o caso dos que trabalham em domicílio); é fácil verificar que o trabalhador em domicílio nada mais é, então, do que um apêndice do capital. Existem outros modos de subordinação pelo capital: na vizinhança das grandes empresas instalam-se, quase sempre, pequenas oficinas de reparação; neste caso, elas não passam de uma pequena engrenagem da fábrica, nada mais. Também estas são independentes apenas na aparência. Vemos, por vezes, pequenos patrões, pequenos artesãos, trabalhadores em domicílio, pequenos comerciantes e pequenos capitalistas eliminados de um ramo da indústria ou do comércio e passando para outro ramo no qual o capital ainda não é tão poderoso.

Além disso, os pequenos patrões arruinados tornam-se pequenos varejistas ou mesmo vendedores ambulantes etc. Assim, o grande capital, em toda parte, exclui, gradualmente, a pequena indústria; cria enormes empresas, que contam até milhares e mesmo dezenas de milhares de operários. O grande capital torna-se o dominador do mundo. A pequena propriedade, adquirida pelo trabalho, desaparece e é substituída pela grande propriedade capitalista.[17]

Os trabalhadores em domicílio podem servir de exemplo demonstrativo da decadência da pequena indústria na Rússia. Alguns deles trabalhavam com matérias-primas próprias (forradores, cesteiros) e vendiam suas mercadorias à vontade. Mais tarde, o operário em domicílio põe-se a trabalhar para um capitalista (chapeleiros de Moscou, fabricantes de brinquedos, de escovas etc.). Depois, recebe do capitalista comprador as matérias-primas e cai numa verdadeira escravidão (serralheiros de Pavlosk e de Burmakino). Finalmente, é pago por peça (ferreiros de Tver, sapateiros de Kimry, cuteleiros de Pavlovsk, esteireiros de Makarievo). À mesma servidão chegam os tecelões em domicílio. Na Inglaterra a pequena indústria moribunda recebeu o apelido de *sweating-system*,[18] tão má era a sua situação. Na Alemanha, de 1882 a 1895, o número de pequenas empresas diminuiu 8,6%, as empresas médias (6 a 60 operários) aumentaram 64,1% e as grandes empresas, 90%. A partir de 1895 desapareceu uma quantidade considerável de empresas médias. Na Rússia também, a fábrica excluiu bem rapidamente o trabalhador em domicílio. Um dos mais importantes domínios da produção na Rússia é o da indústria de tecidos (a tecelagem). Se comparar-

---

17. A luta pelo mercado, por meio de uma concorrência desenfreada, vai tornando sempre maior o número dos que se arruínam. Os grandes jornais mantêm até mesmo seções especiais que registram os requerimentos de falências e concordatas. As riquezas sociais vão passando, assim, para as mãos de um grupo cada vez menor de indivíduos. (N.T.)
18. Suadouro: literalmente, sistema que faz suar. (N.T.)

mos, na indústria algodoeira, o número dos operários de fábrica e o dos operários em domicílio, veremos a rapidez com que a fábrica excluiu o trabalhador em domicílio, o *kustar*:

Anos	Operários trabalhando nas fábricas	Operários trabalhando em domicílio
1866	94.566	66.178
1879	162.691	50.152
1894-1895	242.051	20.475

Em 1866, para cem pessoas trabalhando na indústria de algodão, setenta trabalhavam em domicílio; em 1894-1895, elas não passavam de oito. Na Rússia, a grande indústria se desenvolveu muito mais depressa porque o capital *estrangeiro* fundava grandes empresas. Já em 1902, as grandes empresas ocupavam quase a metade (40%) dos operários de indústria.

Em 1903, as fábricas de mais de cem operários representavam, na Rússia europeia, 17% do número total das fábricas e das usinas, e ocupavam 76,6% do número total dos operários de indústria.

A vitória da grande indústria em todos os países tem como resultado o sofrimento dos pequenos produtores. Por vezes, regiões industriais e mesmo profissões desaparecem por completo (por exemplo, os tecelões da Silésia, na Alemanha, os tecelões da Índia etc.).

b) Luta entre a pequena e a grande produção na agricultura
A luta entre a pequena e a grande produção que se trava na indústria existe igualmente, sob o regime capitalista, na agricultura. O proprietário administrando seu domínio, como o capitalista administra sua fábrica, o camponês rico, o camponês médio, os camponeses pobres que são diaristas do grande proprietário de terras ou do grande fazendeiro e, enfim, os proprietários agrícolas – tudo isso é a mesma coisa que, na indústria, o grande capitalista, o pequeno patrão, o artesão, o trabalhador em domicílio, o operário assalariado. No campo, como nas cidades, a grande propriedade está mais bem organizada do que a pequena.

O grande proprietário pode lançar mão de *uma boa técnica*. As *máquinas agrícolas* (arados elétricos, arados a vapor, ceifadoras, enfeixadoras, semeadoras, batedeiras etc.) são quase sempre inacessíveis ao pequeno agricultor ou ao camponês. Assim como não há razão para instalar uma máquina custosa na pequena oficina do artesão (porque ele não tem meios para comprá-la e ela não o indenizaria da despesa feita com a sua aquisição), da mesma forma o camponês não pode adquirir um arado a vapor, e mesmo que pudesse, de nada lhe serviria; para que uma máquina tão importante pague seu custo, é preciso muita terra e não uma pequena nesga, apenas suficiente para que uma galinha a cisque e encontre nela o seu sustento.

A completa utilização das máquinas e dos instrumentos depende da quantidade de terra disponível. Um arado de tração animal trabalhará com êxito num terreno de 30 hectares. Uma semeadora, uma ceifadora, uma batedeira ordinária, em 70 hectares; uma batedeira a vapor, em 200; um arado a vapor, em 1.000 hectares. Nestes últimos tempos, são usadas máquinas agrícolas elétricas, mas somente nas grandes explorações.

A irrigação, o secamento dos brejos, a drenagem, a construção de estradas de ferro de bitola estreita etc., são realizáveis quase exclusivamente pelo grande proprietário. A grande lavoura, como a grande indústria, economiza nos instrumentos, nos materiais, na força de trabalho, no combustível, na iluminação etc.

Nos grandes domínios, é menor a necessidade, por hectare, de fossos, porteiras, cercas; desperdiçam-se menos as sementes.

Além disso, um grande proprietário pode contratar engenheiros agrônomos e administrar cientificamente seu domínio.

Do ponto de vista do *comércio* e do *crédito*, o grande proprietário agrícola, exatamente como o grande industrial, conhece melhor o mercado, pode esperar, comprar por melhor preço tudo o que lhe é necessário, vender mais caro. O pequeno proprietário só tem um recurso: lutar com todas as forças. É pelo *trabalho intensivo*, pela limitação das necessidades e pela subalimentação que se mantém a pequena propriedade agrícola sob o domínio do capitalismo. O que caracteriza sua ruína é a exorbitância dos *impostos*. O Estado capitalista impõe-lhe uma carga imensa: basta recordar o que eram para o camponês os impostos no tempo dos czares: "Venda tudo, mas pague os teus impostos!".

Pode-se dizer, em geral, que a pequena produção mais bem se defende na lavoura do que na indústria. Nas cidades, os artesãos e os pequenos empreiteiros desaparecem muito rapidamente, mas, em todos os países, a lavoura camponesa se mantém um pouco melhor. Se há, também aí, empobrecimento do maior número, é ele muitas vezes menos aparente. Parece, por vezes, que uma lavoura não é muito grande, a julgar-se pela superfície do terreno, mas na realidade ela é muito grande pelo capital aplicado e pelo número de operários (por exemplo, a horticultura nos arredores das grandes cidades). Por vezes, acreditamos, pelo contrário, tratar-se de numerosos pequenos proprietários, completamente independentes; na realidade, quase todos são operários assalariados, que alugam seus serviços[19] ora na propriedade vizinha, ora como biscateiros nas cidades. Com os camponeses acontece, em todos os países, o que ocorre com os artesãos e trabalhadores em domicílio. Um pequeno número deles se transforma em *aproveitador* (os taberneiros, os agiotas, que, pouco a pouco, aumentam os seus haveres); os outros vegetam ou, arruinados definitivamente, vendem sua vaca, seu cavalo; depois, desaparecido por sua vez o pedacinho de terra, migram para sempre para a cidade ou se convertem em operários agrícolas. O camponês sem cavalo torna-se assalariado, o camponês que aluga operários transforma-se em *proprietário* ou *capitalista*.

Assim é que uma grande quantidade de terras, de instrumentos, de máquinas, de gado, constitui a posse de um punhado de grandes capitalistas proprietários, e que milhões de camponeses dependem deles.

Na América, onde o capital agrícola é mais desenvolvido, existem grandes propriedades em que se trabalha como nas fábricas. E, como nas fábricas, só um produto é feito nelas. Há grandes terrenos plantados exclusivamente de morangueiros ou árvores frutíferas; há explorações especiais de animais domésticos; lá, o trigo é cultivado por meio de máquinas. Numerosos ramos estão concentrados em poucas mãos. É assim que existe um "rei das galinhas" (um capitalista em cujas mãos está concentrada quase toda a produção de galinhas), um "rei dos ovos" etc.[20]

15. A DEPENDÊNCIA DO PROLETARIADO, O EXÉRCITO DA RESERVA, O TRABALHO DAS MULHERES E DAS CRIANÇAS

Massas cada vez maiores da população transformam-se, sob o regime capitalista, em operários assalariados. Artesãos arruinados, trabalhadores em domicílio, camponeses, comerciantes, capitalistas médios em falência, em suma, todos

---

19. É voz corrente, entre os defensores do atual regime, que o colono é quase sempre um futuro proprietário. Na realidade, o que se observa é justamente o inverso: o pequeno proprietário (sitiante) perde, quase sempre, a sua terra e se transforma em colono ou, na melhor hipótese, trabalha como camarada numa fazenda, porque a sua pequena lavoura lhe é insuficiente para viver. (N.T.)
20. No Brasil, o "rei do café", o "rei do açúcar" etc. (N.T.)

os que foram jogados à margem ou encurralados pelo grande capital caem nas fileiras do proletariado. À medida que as riquezas se concentram nas mãos de um punhado de capitalistas, o povo se transforma cada vez mais em escravo assalariado dos primeiros.

Graças à ruína contínua das camadas e classes médias, há sempre mais operários do que precisa o capital. Por isso é que o operário está acorrentado ao capital. Ele é obrigado a trabalhar para o capitalista. Se não o quer, há cem outros para tomarem-lhe o lugar.

Contudo essa dependência não se consolida somente pela ruína de novas camadas da população. O domínio do capital sobre a classe operária cresce ainda com o fato de serem atirados continuamente à rua, pelo capital, os operários de que ele não precisa mais, constituindo-se, assim, uma reserva de força de trabalho. Como se dá isso? Já vimos que cada fabricante procura reduzir o preço líquido das mercadorias. Para isso, ele introduz, cada vez mais, novas máquinas. Porém a máquina, em regra geral, substitui o operário, torna inútil uma parte dos operários. Uma nova máquina numa fábrica quer dizer que uma parte dos operários é despedida e fica sem trabalho. Entretanto, como novas máquinas são introduzidas continuamente num ramo da indústria ou em outro, é claro que *no regime capitalista* há sempre, fatalmente, operários *sem trabalho*. Isso porque o capitalista não se preocupa em dar trabalho a todos os operários, tampouco, em fornecer mercadorias a todos, mas em *obter o maior lucro possível*. Naturalmente, ele colocará na rua os operários que não são mais capazes de lhe dar o mesmo lucro que antes.

E, efetivamente, nas grandes cidades de todos os países capitalistas, sempre vemos inúmeros desocupados. Nelas se acotovelam operários chineses ou japoneses, antigos camponeses arruinados, vindos do fim do mundo para procurar trabalho, antigos lojistas ou pequenos artesãos; mas encontramos também metalúrgicos, tipógrafos, tecelões, que, tendo durante longo tempo trabalhado nas fábricas, foram delas expulsos pelas novas máquinas. Tomados em conjunto, formam uma reserva de forças de trabalho para o capital ou, como o disse Karl Marx, *o exército industrial de reserva*. A existência desse exército e a permanência da falta de trabalho permitem aos capitalistas aumentar a dependência e a opressão da classe operária. O capital, graças às máquinas, consegue subtrair de uma parte dos operários mais ouro do que antes; quanto aos outros, ficam na rua. No entanto, mesmo na rua, eles servem aos capitalistas, de chicote, para estimular os que trabalham.

O exército industrial de reserva oferece casos de embrutecimento completo, de miséria, de fome, de grande mortalidade, de criminalidade mesmo. Aqueles que, durante anos, não conseguem encontrar trabalho tornam-se gradativamente bêbados, vagabundos, mendigos etc. Nas grandes cidades – em Londres, em Nova York, em Hamburgo, em Berlim, em Paris – há bairros inteiros habitados pelos sem-trabalho dessa espécie.[21] O mercado de Chitrov, em Moscou, pode servir de exemplo. Em lugar do proletariado, forma-se uma nova camada desabituada ao trabalho. Essa camada da sociedade capitalista chama-se, em alemão, *Lumpenproletariat: proletariado andrajoso.*[22]

A introdução das máquinas fez surgir, igualmente, *o trabalho das mulheres e das crianças*, trabalho mais econômico e, portanto, mais vantajoso para o capitalismo.[23] Antes das máquinas, era necessária certa habilidade manual; algumas vezes, era preciso passar por um processo de longa aprendizagem. Agora, certas máquinas podem ser dirigidas até por crianças, que só têm de levantar o braço ou mover o pé até que se cansem. Eis por que as máquinas difundiram o trabalho das mulheres e das crianças. É preciso acrescentar que as mulheres e as crianças oferecem menos resistência ao capitalismo do que os homens. São mais dóceis, mais tímidas, em presença dos padres e das autoridades. Esta é a razão de o fabricante substituir, quase sempre, os homens por mulheres e transformar em lucro o sangue das crianças.

Em 1913, o número de operários e empregados era, na França, de 6.800.000; na Alemanha, de 9.400.000; na Áustria-Hungria, de 8.200.000; na Itália, de 5.700.000; na Bélgica, de 930.000; nos Estados Unidos, de 8.000.000; na Inglaterra e no País de Gales, de 6.000.000. Na Rússia, o número de operárias cresceu continuamente. Em 1910, seu número representava 25% de todos os operários e operárias de fábricas; em 1903, 31%; e em 1912, 45%. Em cer-

---

21. Não precisamos ir tão longe. Aqui mesmo, entre nós, cresce dia a dia o número de mendigos que se acumulam à noite nos albergues, nas calçadas, nos bancos dos jardins. Durante o dia, em cada rua, de espaço a espaço, é o transeunte abordado por um pedinte. (N.T.)
22. Em função do desemprego estrutural, amplas camadas da população estão desempregadas – são atualmente os novos povos, diferentes do lumpemproletariado. (N.E.)
23. Embora realizem, nas fábricas, o mesmo trabalho que os homens adultos, as mulheres e as crianças ganham muito menos, além de sofrerem uma opressão maior. E como a situação de miséria, criada e alimentada pela dominação do capital, permite que os industriais encontrem sempre a força de trabalho muito barata, pelo preço que eles, compradores, queiram pagar – as mulheres e as crianças se transformam, cada vez mais, em concorrentes do trabalhador adulto em sua luta pelo pão. (N.T.)

tos ramos de produção, as mulheres constituem a maioria: por exemplo, na indústria têxtil, em 1912, entre 870.000 operários, havia 453.000 mulheres, isto é, mais de 52%. Nos anos da guerra, o número de operárias aumentou consideravelmente.

Quanto ao trabalho das crianças, floresce em muitos países, apesar da proibição.[24] No país capitalista mais avançado, na América do Norte,[25] ele é encontrado a cada passo.

A consequência disso é a desagregação das famílias operárias. Desde que a mulher e, por vezes, a criança são absorvidas pela fábrica, não há mais vida em família!

Quando uma mulher se torna operária de fábrica, ela sofre, como o homem, todos os horrores da falta de trabalho. Ela também é posta no olho da rua pelo capitalista; entra, também, nas fileiras do exército industrial de reserva; pode, assim como o homem, descer até as condições de vida mais desonrosas. Entrega-se à *prostituição*, isto é, vende-se ao primeiro homem que encontra na rua. Nada tendo para comer, sem trabalho, expulsa de toda parte, vê-se obrigada a traficar com o corpo. Mesmo quando tem trabalho, o salário é tão miserável que ela é obrigada a complementá-lo dessa maneira. E afeiçoa-se rapidamente à nova profissão. Assim é que se forma a camada das prostitutas profissionais.

Nas grandes cidades, há inúmeras prostitutas. Cidades como Hamburgo ou Londres contam dezenas de milhares dessas infelizes. O capital faz delas uma fonte de renda, com a criação de grandes bordéis organizados de forma capitalista. Existe um amplo comércio internacional de escravas brancas de que são centro as cidades da Argentina. A mais atroz prostituição é a das crianças, que floresce em todas as cidades da Europa e da América.

Assim, na sociedade capitalista, à medida que se inventam novas máquinas, mais aperfeiçoadas, e se constroem fábricas cada vez maiores e cresce a produtividade, aumentam paralelamente a pressão do capital, a miséria e os

---

24. Enquanto os filhos dos ricos frequentam as escolas e os espaços de lazer, as crianças pobres frequentam as fábricas, para auxiliar os pais. Têm, assim, desde muito cedo, a "responsabilidade de família". Isso não impede, entretanto, que os intelectuais burgueses zombem da ignorância dos operários, julgando ter nascido "mais inteligentes", como se tivessem caído do céu como seres privilegiados que devem e podem, só eles, armazenar no cérebro toda a sabedoria humana. (N.T.)
25. Estados Unidos. (N.E.)

sofrimentos do exército industrial de reserva, a dependência da classe operária para com os seus exploradores.

Se não existisse a propriedade e se tudo pertencesse a todos, o quadro seria muito diverso. Os homens reduziriam, muito simplesmente, o seu dia de trabalho, poupariam suas forças, diminuiriam seu sofrimento, pensariam no repouso. Contudo, quando o capitalista introduz as máquinas, só pensa no *lucro*; não reduz a jornada de trabalho porque perderia com isso. No domínio do capital, a máquina não liberta o homem, torna-o escravo.

Com o desenvolvimento do capitalismo, uma parte cada vez maior do capital é destinada às máquinas, aos aparelhos, às construções de toda sorte, aos enormes altos-fornos etc.; e, ao contrário, uma parte cada vez menor vai para o salário dos operários. Quando se trabalhava em domicílio, a despesa com os bancos de carpinteiro e outros utensílios não era grande: quase todo o capital se incorporava ao salário. Agora, é o contrário: a maior parte é destinada aos edifícios e às máquinas. E isso significa que a procura da *mão de obra* aumenta menos rapidamente do que o número das pessoas arruinadas, convertidas em proletários. Quanto mais se desenvolve a técnica, sob o capitalismo, mais aumenta a pressão do capital sobre a classe operária, porque se torna cada vez mais difícil encontrar trabalho.

16. A ANARQUIA DA PRODUÇÃO, A CONCORRÊNCIA E AS CRISES

A miséria da classe operária cresce na medida do desenvolvimento da técnica que, sob o capitalismo, em lugar de ser útil a todos, traz lucro para o capital, mas conduz à falta de trabalho e à ruína de muitos operários. E essa miséria aumenta ainda mais por outras razões.

Vimos, anteriormente, que a sociedade capitalista está muito mal construída. Nela domina a propriedade privada, sem nenhum plano geral. Cada fabricante dirige sua empresa independentemente dos outros. Este, pelo contrário, disputa o comprador com os outros: está em "concorrência" com eles.[26]

---

26. As guerras entre nações originam-se da concorrência capitalista chegada ao seu mais alto grau. Para sustentá-la, os capitalistas de cada país transformam os seus operários em soldados. Para tornar essa tarefa mais fácil, pregam e difundem o amor à pátria e à sua bandeira. "A pátria está em perigo!", gritam eles. "Cada cidadão deve alistar-se." E é assim que os próprios operários roubados marcham para defender o ventre dos seus ladrões. Quando, porém, os trabalhadores pegam em armas contra os capitalistas do seu próprio país, estes últimos mandam às urtigas a "pátria" e a "bandeira", aliam-se aos seus comparsas estrangeiros e esmagam os seus "compatriotas". (N.T.)

Essa luta aumenta ou diminui com o desenvolvimento do capitalismo? À primeira vista, pode parecer que diminui. Com efeito, o número de capitalistas diminui sem cessar; os grandes devoram os pequenos; outrora, dezenas de milhares de proprietários de empresas lutavam entre si, a concorrência era feroz; hoje, poderia-se crer que, com os rivais sendo muito menos numerosos, a luta deveria ser menos encarniçada. Na realidade, nada disso ocorre. O contrário, justamente, é o que acontece. É verdade que os rivais são menos numerosos, mas cada um deles se tornou *maior e mais poderoso*. E sua luta não diminuiu, mas aumentou; não se acalmou, mas se encarniçou ainda mais. É bastante que, em cada país, não exista mais que um punhado de capitalistas para que entre estes países capitalistas rebente a luta. Chegamos finalmente a esse ponto. A rivalidade se dá, atualmente, entre enormes associações de capitalistas, entre seus Estados. E não lutam somente por meio da baixa dos preços, mas também pela força armada. A concorrência, à medida que se desenvolve o capitalismo, só faz diminuir o *número de rivais*, mas se torna sempre *mais encarniçada e mais destruidora*.

É necessário frisar ainda um sintoma: *as crises*. Que são essas crises? Eis o que são. Um belo dia, percebe-se que tais mercadorias foram produzidas em quantidade excessiva. Os preços baixam, porque não há escoamento. Os armazéns ficam abarrotados de produtos que não podem ser vendidos: não há compradores para eles; e, ao lado disso, há muitos operários famintos, só recebendo salários miseráveis e podendo comprar menos ainda do que de ordinário. Então, é a miséria. Num ramo de produção, primeiro são as médias e as pequenas empresas que abrem falência e fecham as portas; depois, chega a vez das grandes. Mas cada indústria depende de outra, todas são clientes umas das outras. Por exemplo, as empresas de confecção compram o tecido dos grandes atacadistas e estes, das fábricas de tecidos. Falidas as empresas de confecção, e como não há mais ninguém para comprar dos grandes fabricantes de tecidos, a indústria têxtil sucumbe. Em toda parte, fábricas e usinas começam a ser fechadas; dezenas de milhares de operários são atirados à rua, a falta de trabalho aumenta desmedidamente, torna-se pior a vida dos operários. E, no entanto, há grande quantidade de mercadorias, e o chão dos armazéns ameaça ceder sob seu peso. Isso sucedeu, quase sempre, antes da guerra; a indústria prosperava, os negócios dos fabricantes caminhavam admiravelmente; de repente, era a falência, a ruína, a falta de trabalho, a estagnação dos negócios; depois, a situação melhorava, os negócios tornavam a ser brilhantes; então, de novo a falência, e assim consecutivamente.

Como explicar essa situação insensata em que os homens, entre as riquezas e o supérfluo, se tornam mendigos? A resposta é simples. Já vimos que na sociedade capitalista reina a desordem, a *anarquia na produção*. Cada patrão produz por sua conta, correndo os riscos e os perigos. Cedo ou tarde, com tal modo de produção, há excesso de mercadorias produzidas (superprodução). Quando se fabricavam produtos e não mercadorias, isto é, quando a produção não se destinava ao mercado, a superprodução não era perigosa. Mas a coisa muda de figura na produção de mercadorias. Nela, cada fabricante, para comprar as matérias necessárias à sua fabricação ulterior, deve vender primeiro suas próprias mercadorias. Se a máquina para em um só lugar que seja, há, graças à anarquia na produção, repercussão imediata de um ramo noutro. Declara-se uma crise geral.

Essas crises são muito destruidoras. Destrói-se grande quantidade de mercadorias. Os vestígios da pequena indústria são como que varridos por uma vassoura de ferro. Mesmo as grandes empresas não podem resistir, e parte delas desaparece.

Certas fábricas fecham completamente, outras reduzem a produção, não trabalham todos os dias da semana; algumas, enfim, fecham momentaneamente. O número dos sem-trabalho aumenta. Cresce o exército industrial de reserva, ampliando a miséria e a opressão da classe operária. Durante a crise, a condição da classe operária, que já era ruim, torna-se ainda pior.

Eis alguns números sobre a crise de 1907-1910 que abrangeu a Europa e a América; numa palavra, todo o mundo capitalista. Nos Estados Unidos, o número dos sem-trabalho que faziam parte dos sindicatos aumentou da seguinte forma; em junho de 1907, 8,1%; em outubro, 18,5%; em novembro, 22%; em dezembro, 32,7% (na construção, 42%; na confecção, 43,6%; na indústria do fumo, até 55%); está compreendido que a falta de trabalho total (nela incluídos os operários não organizados) foi ainda maior. Na Inglaterra, o número dos sem-trabalho constituía, no verão de 1907, 3,4% a 4%; em novembro, atingia 5%; em dezembro, 6,1%; em junho de 1908, elevava-se a 8,2%. Na Alemanha, mais ou menos em janeiro de 1908, o número dos sem-trabalho era o dobro em relação aos anos precedentes. Assim também nos outros países.

No que diz respeito à *redução da produção*, a fabricação de aço caiu, nos Estados Unidos, de 26 milhões de toneladas em 1907 para 16 milhões de toneladas em 1908.

Durante a crise os preços baixam. Então, os senhores capitalistas, para não perderem o lucro, recorrem à sabotagem. Na América, por exemplo, deixavam apagar-se os altos-fornos. Ainda mais curioso é o modo de proceder dos fazendeiros de café no Brasil. Para manter os altos preços, atiram ao mar sacas de café. Atualmente, o mundo inteiro passa fome e ressente-se da falta de produtos; isso é o resultado da guerra engendrada pelo capitalismo. Ora, em tempo de paz, o capitalismo afogava-se na abundância dos produtos que não podiam ser úteis aos operários, por falta de dinheiro nos bolsos destes últimos. De todo esse supérfluo, só uma coisa obtinha o operário: a falta de trabalho com todos os seus horrores.

17. O DESENVOLVIMENTO DO CAPITALISMO E AS CLASSES; O AGRAVAMENTO DOS ANTAGONISMOS DE CLASSES

Vimos que a sociedade capitalista padece de dois males essenciais: 1) é "anárquica" (falta-lhe organização); 2) compõe-se de *duas* sociedades (classes) inimigas. Também vimos que, com o desenvolvimento do capitalismo, a anarquia da produção, que se manifesta pela concorrência, acarreta uma agravação, uma desorganização, uma ruína sempre maiores. A desagregação da sociedade, longe de diminuir, aumenta. Da mesma forma se alarga e se aprofunda o fosso que divide a sociedade em duas partes, em classes. De um lado, nas mãos dos capitalistas acumulam-se todas as riquezas da terra; do outro, nas classes oprimidas, só há miséria, sofrimentos e lágrimas. O exército industrial de reserva compreende camadas de homens desanimados, embrutecidos, sem recurso de espécie alguma. Mas, mesmo aqueles que trabalham se distinguem, por seu modo de viver, cada vez mais dos capitalistas. A diferença entre o proletariado e a burguesia *não cessa de crescer*. Outrora, havia todas as espécies de capitalistas médios e pequenos, dos quais muitos estavam bem perto dos operários e pouco melhor viviam do que eles. Hoje, não se dá mais isso. Os grandes sobas vivem como ninguém o poderia imaginar antigamente. É verdade que a situação dos operários, com o desenvolvimento do capitalismo, melhorou; até o começo do século XX, os salários, em geral, iam aumentando. Entretanto, nesse mesmo lapso de tempo, o *lucro* do capitalismo *crescia ainda mais rapidamente*. Atualmente, a massa operária se encontra tão distanciada do capitalista quanto a terra do firmamento. Quanto mais o capitalismo se desenvolve, mais se eleva o pequeno punhado de capitalistas riquíssimos, e mais profundo se torna o abismo entre esse punhado de reis sem coroa e os milhões de proletários escravizados.

Dissemos que, se o salário aumenta, o lucro aumenta muito mais rapidamente, e que, por conseguinte, o fosso entre as duas classes se alarga sempre. Entretanto, desde o começo do século xx os salários não sobem mais; pelo contrário, baixam. Nesse mesmo tempo, os lucros aumentaram como nunca, de sorte que, nestes últimos tempos, a desigualdade social se agravou com uma rapidez extraordinária. Essa desigualdade crescente não podia deixar de produzir, cedo ou tarde, um conflito entre operários e capitalistas. Se a diferença entre eles fosse diminuindo, se a situação material dos operários se aproximasse da dos capitalistas, a paz poderia reinar, um dia, sobre a Terra. Mas, de fato, na sociedade capitalista, os operários não se aproximam dos capitalistas, mas deles se afastam todos os dias. E isso significa que a luta de classes entre o proletariado e a burguesia só pode agravar-se irremediavelmente.

Os sábios burgueses tinham combatido fortemente esse ponto de vista. Queriam provar que a situação dos operários, na sociedade capitalista, melhorava cada vez mais. Depois, os socialistas da direita trombetearam a mesma coisa, uns e outros preveem que os operários irão enriquecer pouco a pouco e poderão tornar-se pequenos capitalistas. Essa opinião logo se revelou falsa. Na realidade, a situação dos operários, confrontada com a dos capitalistas, tem ido de mal a pior. Eis uma prova disto, por um exemplo tirado do país capitalista mais adiantado, os Estados Unidos. Se avaliarmos em 100 a força aquisitiva do ganho operário (isto é, a quantidade de produtos que o operário pode comprar) levando em conta os preços dos gêneros entre 1890 e 1907, a força aquisitiva do salário foi sucessivamente de:

1890	1895	1900	1905	1907
98,6	100,6	103,0	101,4	101,5

Isso significa que o nível de vida dos trabalhadores quase não se elevou, mas ficou praticamente estacionário. O operário comprava tantos gêneros alimentícios, roupas, entre outras coisas, em 1890 como nos anos seguintes. Sua força aquisitiva subira muito pouco: 3%. Mas, ao mesmo tempo, os milionários americanos (os maiores industriais) amontoavam lucros enormes e a mais-valia que embolsavam aumentava de forma desmedida. Naturalmente, o nível de vida dos capitalistas crescia, também, ao mesmo tempo.

A luta de classes baseia-se nos antagonismos de interesses entre a burguesia e o proletariado. São tão irreconciliáveis como os que existem entre os lobos e os cordeiros.

Qualquer pessoa compreenderá facilmente que é do interesse do capitalista fazer trabalhar os operários o maior tempo possível e pagar-lhes o mais barato possível; e, ao contrário, o operário tem todo o interesse em trabalhar o menos possível. Por isso, desde o aparecimento da classe operária a luta não podia deixar de travar-se pela *elevação dos salários e a redução do dia de trabalho*.

Esta luta nunca cessou e nunca cessará completamente. Entretanto, ela não limitou seu objetivo a alguns tostões de salário a mais. Em qualquer lugar onde se desenvolveu o regime capitalista, as massas chegaram à convicção de que era necessário acabar com o próprio capitalismo. Os operários começaram a refletir sobre um meio de substituir este regime detestado por um regime de trabalho justo e fraternal. Nasceu, assim, o movimento *comunista da classe operária*.

A luta operária foi sempre acompanhada de derrotas. Mas o regime capitalista traz dentro de si mesmo a vitória final do proletariado.[27] Por quê? Porque o desenvolvimento capitalista engendra a transformação em proletários de amplas camadas populares. A vitória do grande capital é a ruína do artesão, do comerciante, do camponês; ela aumenta sem cessar as fileiras dos operários assalariados. O proletariado *aumenta em número* a cada avanço do desenvolvimento capitalista. Porém o desenvolvimento desse regime arruina dezenas de milhares, milhões de pequenos patrões e de camponeses calcados aos pés pelos capitalistas. Por isso mesmo aumenta o número de proletários, de inimigos do regime capitalista. Mas a classe operária não se torna somente mais numerosa, ela se torna, além disso, sempre mais *solidária*, porque, ao mesmo tempo que o capitalismo, se desenvolvem também as grandes usinas. E cada grande usina reúne, em seus muros, milhares e, às vezes, dezenas de milhares de operários trabalhando lado a lado. Eles veem como o patrão os explora, percebem que o operário é, para outro operário, um amigo e camarada. No trabalho, os operários, reunidos pela usina, aprendem a agir em grupo. Torna-se-lhes mais fácil porem-se de acordo. Eis por que com o desenvolvimento do capitalismo aumenta não só o número, *mas a solidariedade* da classe operária.

À medida que as fábricas se multiplicam e que o capitalismo se desenvolve, os artesãos e os lavradores arruinam-se, e as cidades enormes, de milhões de habitantes, crescem mais rapidamente. Por fim, numa extensão relativamente pequena – nas grandes cidades – aglomeram-se grandes massas populares, cuja

---

27. Como resultado da lei do determinismo histórico, lei que se baseia na dialética materialista, a vitória do capitalismo trouxe em si o germe de sua derrota. (N.T.)

imensa maioria é formada pelo proletariado das fábricas. Este enche os bairros sujos e enfumaçados, enquanto o punhado de senhores que possuem tudo habita luxuosos palácios. Esse punhado torna-se cada vez menos numeroso. Os operários se multiplicam e se ligam entre si cada vez mais estreitamente.

Nessas condições, a agravação inevitável da luta terminará, necessariamente, pela vitória da classe operária. Cedo ou tarde, a classe operária entrará em conflito agudo com a burguesia e a retirará de seu trono, destruirá seu Estado de rapina e edificará uma ordem nova, a ordem do trabalho, a ordem comunista. Assim, o capitalismo, ao se desenvolver, *vai dar inevitavelmente na Revolução Comunista do proletariado.*

A luta de classe do proletariado contra a burguesia tomou formas diversas. *As três formas principais da organização operária que surgiram* nesta luta; os *sindicatos,* que agrupam os operários de acordo com a sua profissão;[28] as *cooperativas,* sobretudo as cooperativas de consumo, que têm por fim a supressão dos intermediários; enfim, os *partidos políticos* da classe operária (socialistas ou sociais-democratas e comunistas) que inscrevem em seu programa a luta pelo poder político da classe operária. Quanto mais se agravava a luta entre as classes, mais se deviam unir essas formas do movimento operário para atingir o fim comum: a derrubada do domínio da burguesia. Os chefes do movimento operário que mais bem analisaram a situação foram sempre pela união estreita e pela colaboração de todas as organizações operárias. Eles diziam, por exemplo, que era necessária a unidade de ação entre os sindicatos e o partido político do proletariado e que, por consequência, os sindicatos não podiam ser "neutros" (isto é, indiferentes em matéria política), e, sim, deviam marchar com o partido da classe operária.[29]

Nestes últimos tempos, o movimento operário criou novas formas, muito importantes, como os *conselhos de operários (Sovietes).* Deles, falaremos mais tarde.

---

28. A profissão é o elemento geral que serve de base à organização de um sindicato operário. Será mais exato dizer que os sindicatos agrupam os operários de acordo com a sua indústria. Assim, um motorista que trabalhe por conta da indústria de tecidos deverá pertencer ao sindicato dos tecelões; um digitador de uma empresa gráfica deverá filiar-se ao sindicato dos trabalhadores gráficos; e assim por diante. Todos os trabalhadores de uma empresa, sem distinção de ofício, devem fazer parte de um mesmo sindicato – tal o princípio de organização que deve orientar toda a massa operária em sua luta contra a burguesia. (N.T.)
29. Lenin ensina que os sindicatos devem estar para o partido assim como a circunferência para o centro. É preciso saber guardar essa relação entre as duas coisas: ligar sem confundir.

Dessas observações sobre o desenvolvimento do regime capitalista podemos, sem nos arriscarmos a um engano, deduzir o seguinte: o número de capitalistas diminui, mas eles se tornam cada vez mais ricos e cada vez mais poderosos; *o número de operários cresce continuamente e sua solidariedade aumenta ao mesmo tempo, mas as proporções não são as mesmas; a diferença entre o operário e o capitalista torna-se cada vez maior...* Por consequência, o desenvolvimento capitalista conduz a um conflito inevitável dessas classes, isto é, à *Revolução Comunista.*

18. A CONCENTRAÇÃO E A CENTRALIZAÇÃO DO CAPITAL SÃO CONDIÇÕES DE REALIZAÇÃO DO REGIME COMUNISTA

Como vimos, é o próprio capitalismo que cava a sua sepultura, engendrando os seus próprios coveiros: os proletários; quanto mais se desenvolve, mais multiplica o número de seus inimigos mortais, e mais os reúne contra si mesmo. Porém, ao mesmo tempo, prepara o terreno para uma nova organização econômica, fraternal e comunista.

Com efeito, vimos anteriormente[30] que o capital cresce sem cessar. Uma parte da mais-valia que o capitalismo arranca do operário junta-se ao capital, que se torna, assim, maior. No entanto o capital, uma vez aumentado, pode estender-se até a produção. Esse aumento do capital, seu crescimento nas mesmas mãos, chama-se *acumulação* ou *concentração* do capital.

Vimos também[31] que, à medida que o capitalismo se desenvolve, a pequena e a média produção são liquidadas; os industriais e os comerciantes pequenos e médios são arruinados, sem falar dos artesãos: todos são devorados pelo grande capital. O que possuíam os pequenos e médios capitalistas – seus capitais – escapa-se-lhes das mãos e, por diversos caminhos, se concentra nas dos grandes salteadores, aumentando, assim, o capital destes últimos. Assim, o capital, dividido outrora entre vários possuidores, reúne-se numa só mão, num só punho vitorioso. Essa concentração do capital, antigamente disperso, chama-se *centralização do capital.*

A concentração e a centralização do *capital*, isto é, sua acumulação num pequeno número de mãos, não significam ainda a concentração e a centralização

---

30. Ver *item 11: O capital.*
31. Ver *item 14: Luta entre a pequena indústria, entre a propriedade individual, ganha pelo trabalho, e a propriedade capitalista, adquirida sem trabalho.*

da *produção*. Suponhamos que o capitalista tenha comprado, com a mais-valia acumulada, a pequena fábrica de um vizinho e a tenha posto a trabalhar como o fazia antes. Há, de fato, acumulação, mas a produção se mantém como era. No entanto, comumente, o capitalista transforma a produção, estende-a e amplia as próprias fábricas. Nesse caso, não há mais, somente, aumento do capital, mas também da própria produção. A produção torna-se enorme, emprega grande número de máquinas, reúne milhares de operários. Acontece que uma dúzia de fábricas muito grandes satisfaz às necessidades de todo um país. Nesse caso, os operários produzem para toda a sociedade; o trabalho, como se diz, é socializado. Entretanto a direção e o lucro pertencem ao capitalista.

Essa centralização e essa concentração da produção tornam igualmente possível uma *produção verdadeiramente fraternal*, mas só depois da Revolução Proletária. Com efeito, se essa concentração da produção não existisse e se o proletariado tomasse o poder, com a produção dispersa entre centenas de milhares de pequenas oficinas onde só trabalhassem dois ou três operários, seria impossível organizar essas oficinas numa base social. Quanto mais desenvolvido é o capitalismo, mais centralizada é a produção e mais fácil é ao proletariado, depois de sua vitória, dirigir a produção.

Por conseguinte, não só o capitalismo engendra seus inimigos e conduz à Revolução Comunista como também cria a base econômica para a realização do regime comunista.

CAPÍTULO III
O comunismo e a ditadura do proletariado

19. CARACTERÍSTICAS DO REGIME COMUNISTA
Vimos por que deve desaparecer o regime capitalista (vemo-lo desaparecer aos nossos olhos). Ele morre porque contém em si duas contradições fundamentais: de um lado, a *anarquia da produção*, que conduz à concorrência, às crises, às guerras; de outro lado, seu caráter de classe, que tem como consequência inevitável a luta *de classes*. A sociedade capitalista é como um mecanismo mal ajustado em que uma parte enrosca sempre na outra.[32] Eis por que, cedo ou tarde, essa máquina deve despedaçar-se inevitavelmente.

É preciso, e é claro, que a nova sociedade seja mais solidamente organizada do que o capitalismo. Desde que as contradições fundamentais do capitalismo tenham feito ir pelos ares o regime, é preciso que, sobre suas ruínas, se forme uma sociedade nova que ignore as contradições da antiga. Os traços característicos da sociedade comunista são os seguintes: 1) ela será *organizada*, isto é, não deve comportar nem anarquia na produção, nem concorrência das empresas privadas, nem guerras, nem crises; 2) não será uma sociedade de classes, composta de duas metades em luta eterna uma contra a outra, uma explorada pela outra. Uma sociedade sem classes, em que toda a produção está organizada, só pode ser uma *sociedade fraternal, a sociedade do trabalho, a sociedade comunista*.

Examinemos mais de perto essa sociedade. O fundamento da sociedade comunista é a *propriedade comum dos meios de produção e de troca*, isto é, a posse das máquinas, dos aparelhos, das locomotivas, dos navios a vapor, dos edifícios, dos armazéns, dos elevadores, das minas, do telégrafo e do telefone, da terra e do gado. Não é um capitalista particular nem uma associação de algumas pessoas ricas que

---
32. Ver *item* 13: *Contradições principais do regime capitalista.*

têm o direito de dispor deles, mas toda a sociedade. Que quer dizer isso: *toda a sociedade*? Quer dizer não *uma classe* particular, mas *todos os homens* constituindo a sociedade. Nessas condições, a sociedade se transforma em uma imensa comunidade fraternal. Aí não existe nem a dispersão da produção nem a anarquia. Pelo contrário, só um tal regime permitirá organizar a produção. Nele não haverá luta nem concorrência entre os patrões, porque todas as fábricas, usinas, minas etc. são, na sociedade comunista, as diferentes seções de uma grande oficina popular compreendendo toda a economia geral. É claro que uma tão formidável organização supõe um *programa* geral da produção. Se todas as fábricas e toda a cultura formam uma imensa associação, é evidente que se precisa calcular exatamente como repartir as forças de trabalho entre os diferentes ramos da indústria; que produtos é preciso fabricar e em que quantidade; como e onde dirigir as forças técnicas, e assim consecutivamente. Tudo isso deve ser calculado previamente, pelo menos de modo aproximado, e é preciso que a execução esteja conforme o plano traçado. Assim é que se realiza a organização da produção comunista.[33] Sem um plano geral e uma direção comum, sem cálculo exato, não há organização. No regime comunista, existe esse plano.

Mas não basta a organização. O essencial é que ela seja uma organização fraternal de todos os membros da sociedade. O regime comunista, além do seu caráter organizador, distingue-se ainda pelo seguinte fato: *suprime a exploração*, acaba com a *divisão da sociedade em classes*. Imaginemos a organização da produção pelo modo seguinte: um punhado de capitalistas possui tudo, mas em comum; a produção está organizada, os capitalistas não se combatem mais, não fazem concorrência uns com os outros, mas subtraem em conjunto a mais-valia dos operários, tornados semiescravos. Nesse caso, é fato que há organização, mas há, também, *exploração* de uma classe por outra. Existe de fato propriedade comum dos meios de produção, mas no interesse de uma só classe, *a classe capitalista*. Não existe comunismo, muito embora haja organização da produção. Semelhante organização social só suprimiria uma das contradições fundamentais do capitalismo – a anarquia da produção –, mas reforçaria a outra – a divisão da sociedade em dois campos; a luta de classes acentuar-se-ia ainda mais. Essa sociedade só estaria organizada em parte; nela não seria abolida a divisão em classes. A sociedade comunista não organiza somente a produção, também liberta os homens da opressão de outros homens. Fica integralmente organizada.

---

33. Com as atuais técnicas de pesquisa por amostragem, torna-se mais fácil para o planejador aferir as necessidades da população. (N.E.)

O caráter social da produção comunista manifesta-se em todos os detalhes de sua organização. No regime comunista, por exemplo, não haverá diretores perpétuos de fábricas, ou pessoas que levam toda a vida no mesmo trabalho. Hoje, é o que ocorre. Um sapateiro faz sapatos durante toda a sua vida e nada enxerga além de suas formas; o confeiteiro passa a vida a fazer doces; o diretor de fábrica o que faz é dirigir e mandar; quanto ao simples operário, precisa, toda a vida, obedecer e executar as ordens dos outros. Nada disso existirá na sociedade comunista. Nela, todos os homens gozam de uma ampla cultura e têm um conhecimento de todos os ramos da produção; hoje, administro, calculo quantos chinelos ou pães será preciso fabricar para o mês próximo; amanhã, trabalho numa fábrica de sabão; na semana seguinte, talvez, numa serraria da cidade, e, três dias depois, numa estação elétrica. Isso só será possível quando todos os membros da sociedade gozarem de uma instrução conveniente.

20. A DISTRIBUIÇÃO NO REGIME COMUNISTA

O modo comunista de produção não visa mais à produção para o mercado, mas sim para as necessidades. O operário não trabalha apenas para si, é toda a comunidade gigante que trabalha para todos. Não existem mercadorias, somente produtos. Esses produtos não são trocados uns pelos outros, nem comprados nem vendidos. São, muito simplesmente, depositados nos armazéns comunais e entregues aos que precisam deles. Também não faz falta o dinheiro. – Como fareis vós? – perguntareis. – Um levará mais e outro ficará com menos do que precisa. Que vantagem haverá nessa distribuição? Expliquemos. No início, durante os vinte ou trinta primeiros anos, talvez seja preciso estabelecer certas regras; por exemplo, tais produtos só serão entregues de acordo com certas indicações constantes da caderneta de trabalho ou contra a apresentação da carteira de trabalho. Mais tarde, porém, desde que esteja consolidada e desenvolvida a sociedade comunista, tudo isso será inútil. Mas os homens não terão interesse em tirar mais do que necessitarem? Absolutamente não. Hoje mesmo ninguém teria a ideia de reservar, num bonde, três lugares para ocupar somente um e deixar vazios os dois outros; essa necessidade não existe. Ocorrerá o mesmo com todos os produtos. Cada trabalhador tirará do armazém comunal aquilo de que necessita e sucederá sempre assim. Ninguém pensará em vender o supérfluo, porque todo mundo poderá tirar o que lhe for necessário. Todos os produtos serão abundantes, todas as feridas estarão fechadas de longo tempo, e cada um poderá tirar o que lhe for necessário. Além disso, o dinheiro não terá valor. Por conseguinte, no princípio da sociedade comunista, os produtos serão provavelmente distribuídos segundo o trabalho feito e, mais tarde, muito simplesmente, de acordo com as necessidades dos membros da comunidade.

É voz corrente que, na sociedade futura, cada um terá direito ao produto integral de seu trabalho: cada um receberá o que tiver ganho. Isso não é exato e nunca poderá ser realizado totalmente. Se cada um recebesse o produto integral do trabalho, seria impossível desenvolver a produção, estendê-la e melhorá-la. Será imprescindível sempre que uma parte do trabalho feito sirva para a extensão e para o aperfeiçoamento da produção. Se usássemos ou comêssemos tudo o que produzimos, não poderíamos fabricar máquinas, que não são comidas nem carregadas, não é verdade? Cada qual compreende que a vida melhora com o desenvolvimento e o aperfeiçoamento das máquinas. Daí resulta que uma parte do trabalho incluído nelas não é restituída àquele que o executou. Por conseguinte, nunca será possível dar a cada um o produto integral de seu trabalho.[34] E isso não é absolutamente necessário. Com boas máquinas, a produção será organizada de tal modo que todas as necessidades serão satisfeitas.

Assim, no princípio, a repartição dos produtos será feita *de acordo com o trabalho executado* (não, porém, segundo o "produto integral do trabalho"), e mais tarde, quando houver de tudo em abundância, de acordo com as necessidades.

21. A ADMINISTRAÇÃO NO REGIME COMUNISTA

Na sociedade comunista não haverá classes. E, não havendo classes, não haverá mais Estado. Já dissemos que o Estado é a organização de classe do poder; o Estado foi sempre empregado por uma classe contra outra; e o Estado é burguês, é dirigido contra o proletariado; se ele é proletário, é dirigido contra a burguesia. Porém, no regime comunista, não há proletários, nem capitalistas, nem operários assalariados; nele, só existem seres humanos, camaradas. Nele, não há classes, nem mais luta de classes, nem igualmente organização de classe. Por consequência, não há também Estado; o Estado não tem qualquer utilidade, pois não há aí luta de classes, aí não existe alguém que precise de freio, tampouco alguém para segurar o freio.

---

34. Não será possível fazê-lo de forma imediata e direta. Com o tempo, progredindo a técnica, e na medida desse progresso, a diminuição do número de horas de trabalho que daí decorrer equivalerá a uma restituição. Além disso, mesmo sem admitir esse progresso, é preciso considerar que as máquinas serão usadas por todos para produzir o que a todos for necessário. (N.T.)

– Mas como – perguntarão – poderá funcionar, sem direção alguma, uma organização tão formidável? Quem elaborará o plano da produção social? Quem repartirá as forças operárias? Quem calculará as receitas e as despesas comuns? Em resumo, quem velará pela manutenção da ordem?

A resposta não é difícil. A direção central caberá a diversas repartições de contabilidade e de estatística. Aí é que, dia a dia, serão calculadas as contas de toda a produção e de todas as suas necessidades; aí é que se indicará onde se deverá aumentar ou diminuir o número de operários e quanto é preciso trabalhar. E como cada um, desde sua infância, tendo-se habituado ao trabalho em comum, compreenderá que este trabalho é necessário e que a vida é muito mais fácil quando tudo marcha de acordo com um plano, todos trabalharão segundo as instruções dessas repartições. Não se precisará de ministros especiais, nem de polícia, nem de prisões, nem de leis, nem de decretos. Assim como os músicos numa orquestra seguem a batuta do maestro e por ela se regulam, assim os homens seguirão os quadros da estatística e com eles conformarão o seu trabalho.

Portanto, não haverá mais Estado. Nem grupo ou classe que esteja acima das outras. Ainda mais, nessas repartições de contabilidade, hoje trabalharão estes, amanhã aqueles. A burocracia, o funcionalismo permanente, desaparecerão. O Estado terá morrido.[35]

É claro que isso só terá lugar em um regime comunista desenvolvido e consolidado, depois da vitória completa e definitiva do proletariado, e não imediatamente depois dessa vitória. A classe operária será obrigada a lutar muito tempo contra seus inimigos e, sobretudo, contra os vestígios do passado: vadiagem, negligência, criminalidade, presunção. Precisaremos de duas ou três gerações de pessoas educadas nessas novas condições para que sejam suprimidas, pelo Estado operário, as leis, as penas, a repressão e para que desapareçam todos os vestígios do antigo regime capitalista. Se, até lá, um Estado operário é indispensável, nesse regime desenvolvido em que já terão desaparecido os últimos traços do capitalismo, o poder político do proletariado morrerá igualmente. O próprio proletariado fundir-se-á com todas as outras camadas sociais, porque todas se

---

35. A esse respeito, Engels assim se expressa: "A sociedade, reorganizando a produção sobre a base da associação livre e igual de todos os produtos, enviará a máquina governamental para o lugar que lhe convém: o museu de antiguidades, ao lado da roda de fiar e do machado de bronze." (em Anti-Dühring, obra que o autor sintetizou, mais tarde, em seu *Socialismo Utópico e Socialismo Científico*). (N.T.)

terão habituado, pouco a pouco, ao trabalho em comum, e, em vinte ou trinta anos, haverá outro mundo, outros homens e outros costumes.

22. O DESENVOLVIMENTO DAS FORÇAS PRODUTIVAS NO REGIME COMUNISTA (AS VANTAGENS DO COMUNISMO)

O regime comunista, depois de ter vencido e curado todas as feridas, fará rapidamente *progredir as forças produtivas*. Essa aceleração das forças produtivas prende-se às razões descritas a seguir.

Primeira: uma grande quantidade de energia humana, outrora gasta na *luta de classe*, será libertada. Basta imaginar quanta força nervosa se perde, atualmente, quanta energia, quanto trabalho, na política, nas greves, nas insurreições e sua repressão, na justiça, na polícia, no poder do Estado, nos esforços diários, tanto de um lado como do outro! A luta de classes devora enormemente forças e meios. Todas essas forças ficarão livres; os homens não se combaterão mais. As forças libertas servirão para o trabalho produtivo.

Segunda: as forças e os meios que são destruídos ou despendidos pela *concorrência*, pelas crises, pelas guerras, serão conservados. Tomando-se por base só as perdas de guerra, isso já representa somas enormes. E quanto custam à sociedade a luta entre vendedores, a luta entre compradores, a luta dos vendedores contra os compradores! Quantos produtos se estragam inutilmente nas crises! Quantos gastos inúteis de energia decorrem da falta de organização e da desordem na produção! Todas essas forças, perdidas hoje, serão conservadas na sociedade comunista.

Terceira: a organização e um plano racional não só impedem as despesas supérfluas (a grande indústria economiza cada vez mais), como permitem melhorar a técnica. A produção terá como base as maiores usinas, com os recursos técnicos melhores. Porque, mesmo no regime capitalista, há limites para a introdução das máquinas. O capitalista só recorre às máquinas quando lhe falta a força de trabalho a baixo preço. Em caso contrário, não precisa de máquinas; embolsa, sem elas, um belo lucro. A máquina só lhe é necessária quando lhe economiza a força de trabalho *dispendiosa*. E como, de modo geral, no regime capitalista, a força de trabalho não é cara, a miséria da classe operária torna-se um obstáculo para o melhoramento técnico. Isso se manifesta, sobretudo, na agricultura, em que, a força de trabalho tendo sempre estado a bom preço, o desenvolvimento do maquinismo é muito lento. Na sociedade *comunista*, não se trata do lucro, mas dos próprios trabalhadores. Nela, todo melhoramento é imediatamente adotado e realizado. As invenções técnicas, no regime comunista, progredirão igualmente, porque todos os trabalhadores receberão uma boa instrução, e aqueles que atualmente sucumbem de miséria (por exemplo, os operários de iniciativa) poderão desenvolver inteiramente suas aptidões.

A sociedade comunista eliminará o *parasitismo*, isto é, a existência de consumidores que nada fazem e vivem à custa dos outros. Tudo o que na sociedade capitalista é gasto, devorado e bebido pelos capitalistas servirá, na sociedade comunista, para a produção; os capitalistas, com seus lacaios e o seu séquito (os padres, as prostitutas etc.), desaparecerão, e todos os membros da sociedade farão um trabalho produtivo.

O modo comunista de produção significa um desenvolvimento enorme das forças produtivas, de forma que cada trabalhador terá menos afazeres. A jornada de trabalho tornar-se-á cada vez mais curta e os homens ficarão livres das cadeias impostas pela natureza. Quando o homem despender pouco esforço para alimentar-se e vestir-se, consagrará parte do tempo ao seu desenvolvimento intelectual. A cultura humana elevar-se-á a uma altura jamais atingida. Tornar-se-á uma cultura geral, verdadeiramente humana, e não uma cultura de classe. Ao mesmo tempo que a opressão do homem pelo homem, o jugo da natureza sobre o homem desaparecerá. A humanidade levará, então, pela primeira vez, uma vida verdadeiramente racional, em vez de uma vida bestial.

Os adversários do comunismo sempre o representaram como uma partilha igualitária. Dizem que os comunistas querem confiscar tudo e tudo repartir entre todos, de uma forma igual; a terra e os outros meios de produção, assim como os meios de consumo. Nada há nada mais estúpido do que essa balela. Em primeiro lugar, uma partilha geral é impossível: pode dividir-se a terra, o gado, o dinheiro. Mas não se podem repartir as estradas de ferro, as máquinas, os navios a vapor, os aparelhos complicados etc.

Isso em primeiro lugar. Em segundo lugar, essa partilha nenhum progresso produziria, mas faria, pelo contrário, regredir a humanidade. Significaria a formação de uma massa de *pequenos proprietários*. Ora, nós sabemos que da pequena propriedade e da concorrência entre pequenos proprietários nasce a grande propriedade. Se, pois, a partilha geral se realizasse, a história recomeçaria e os homens cairiam num círculo vicioso.

O comunismo (ou socialismo) *proletário* é uma grande *economia comum*, fraterna. Decorre de todo o desenvolvimento da sociedade capitalista e da situação do proletariado nesta sociedade.

Com o comunismo é preciso não confundir:

1) *O socialismo lumpemproletário (o anarquismo)*. Os anarquistas censuram os comunistas por conservarem o poder do Estado na sociedade futura. Isso não é exato, já o vimos. A verdadeira diferença consiste em que os anarquistas consagram mais atenção à distribuição do que à produção; fazem uma ideia da organização não como uma grande organização econômica fraternal, mas como uma multidão de pequenas comunas "livres", com administração autônoma, isto é, administrando-se a si mesmas.³⁶

É evidente que semelhante regime não poderia libertar a humanidade do jugo da natureza: as forças produtivas não poderiam alcançar o nível atingido em regime capitalista, porque a anarquia *não faz crescer* a produção, mas a *dispersa*. Não é de admirar que, na prática, os anarquistas se inclinem, quase sempre, para a partilha dos objetos de consumo e se levantem *contra a grande produção*. Refletem as ideias e as aspirações não da classe operária, mas do que se chama o *lumpemproletariado*, o proletariado de pés descalços, que vive mal no regime capitalista, mas que é incapaz de qualquer trabalho independente e criador.

2) *O socialismo pequeno-burguês (da pequena burguesia urbana)*. Não se apoia no proletariado, mas nos artesãos em via de desaparecimento, na pequena burguesia das cidades e, em parte, nos intelectuais.

Protesta contra o grande capital, mas somente em nome da "liberdade" das pequenas empresas. É, em geral, favorável à democracia burguesa e adversário da Revolução Comunista, e procura atingir seu ideal pelos "meios pacíficos": desenvolvimento das cooperativas, das associações de pequenos produtores etc. Sob o regime capitalista, as cooperativas degeneram quase sempre em vulgares organizações capitalistas, e os próprios compradores em quase nada se distinguem dos puros burgueses.

3) *O socialismo agrário*. Reveste-se de diferentes formas, aproximando-se, por vezes, do anarquismo camponês. Seu traço característico é não compreender o comunismo como uma grande economia e se aproximar muito da partilha e do nivelamento: em oposição, principalmente com o anarquismo, reclama um poder forte não só contra o proprietário rural como também contra o proletariado; seu

---

36. Num cárcere de Moscou, sob o regime czarista, Trotsky perguntou a um anarquista como, sem uma comuna central, seriam administradas as estradas de ferro, que atravessam regiões inteiras, passando de uma comuna a outra. "E para que diabo necessito eu de viajar de trem quando triunfar o anarquismo?", retrucou o herói. "Essa resposta me era suficiente", rematou Trotsky ao narrar o episódio em sua autobiografia. (N.T.)

programa é a "socialização das terras" de nossos socialistas revolucionários. Tais indivíduos querem eternizar a pequena produção, temem o proletariado e a transformação da economia popular numa *grande* associação fraternal. De resto, entre certas camadas camponesas existem ainda outras espécies de socialismo, mais ou menos próximas do anarquismo, que não reconhecem o poder do Estado, mas de caráter pacífico (tais como o comunismo dos sectários, dos Doukhobors etc.). Essas tendências agrárias e camponesas só poderão desaparecer depois de muitos anos, quando a classe camponesa tiver compreendido todas as vantagens da grande economia.

4) *O "socialismo" escravocrata e grande capitalista*. Na realidade, não existe aqui a menor *sombra* de socialismo. Se, nos três grupos anteriores, ainda encontramos alguns dos seus traços, se encontramos ainda um protesto contra a opressão, o "socialismo" grande capitalista não passa de uma palavra destinada a embrulhar a questão. Essa moda foi introduzida por sábios burgueses e, depois deles, pelos socialistas conciliadores (parcialmente, mesmo, por Kautsky e companhia). Assim era, por exemplo, o "comunismo" do filósofo da Grécia Antiga, Platão. Consistia numa organização dos senhores explorando, como "camaradas" e "em comum", a massa dos escravos privada de todos os direitos. Entre os senhores, igualdade completa e tudo em comum. Os escravos nada têm, são transformados em animais. É evidente que isso "nem cheiro tem" de socialismo. Idêntico "socialismo" é, hoje, pregado por certos professores burgueses sob o nome de "socialismo de Estado", com a única diferença de que os escravos são substituídos pelo proletariado moderno e os senhores pelos grandes capitalistas. Na realidade, igualmente aqui, não há a mais leve sombra de socialismo; o que há é o *capitalismo* de Estado com *trabalho obrigatório*.

Os socialismos burgueses, agrário e lumpemproletário têm um traço em comum: todas essas espécies de socialismo neoproletário não tomam em conta a verdadeira evolução. A marcha da evolução conduz ao engrandecimento da produção. Ora, entre eles tudo se baseia na pequena produção. Eis por que esse socialismo não passa de um sonho, de uma "utopia", cuja realização é impossível.

23. A DITADURA DO PROLETARIADO
Para realizar o regime comunista é preciso que o proletariado tenha nas mãos todo o poder, toda a força. Ele não poderá derrubar o Velho Mundo enquanto não possuir essa força, enquanto não constituir, por algum tempo, a *classe dominante*. Não é preciso dizer que a burguesia não cederá o poder sem luta. O comunismo

significa para ela a perda de seu antigo predomínio, a perda de sua "liberdade" de subtrair do operário o suor e o sangue, a perda de seu direito ao lucro, ao juro, à renda etc. A Revolução Comunista do proletariado, a transformação comunista da sociedade, chocam-se, por consequência, com a resistência mais furiosa dos exploradores. A tarefa do poder operário é, pois, *reprimir* implacavelmente essa resistência. E, como tal resistência será inevitavelmente muito forte, será preciso que o poder do proletariado seja uma *ditadura operária*. "Ditadura" significa um governo particularmente severo e muita decisão ao reprimir os inimigos. Naturalmente, em semelhante situação, não se poderia cogitar da *liberdade para todos os homens*. A ditadura do proletariado é irreconciliável com a liberdade da burguesia. Ela é necessária, precisamente, para privar a burguesia de sua liberdade, para amarrar-lhe os pés e as mãos e *retirar-lhe* toda a *possibilidade* de combater o proletariado revolucionário. Quanto maior é a resistência da burguesia, mais desesperados são os seus esforços, mais perigosos, e mais a ditadura proletária deverá ser dura e implacável e ir, nos casos extremos, até o terror.

Só depois da repressão completa dos exploradores, uma vez quebrada sua resistência, uma vez a burguesia posta em condições tais que a impeçam de prejudicar a classe operária, é que a ditadura do proletariado se abrandará; entretanto, a antiga burguesia se confundirá pouco a pouco com o proletariado, o Estado operário se extinguirá gradualmente e toda a sociedade se transformará em uma sociedade comunista, sem classes.

Sob a ditadura do proletariado – instituição *temporária* –, os meios de produção não pertencem a toda a sociedade sem exceção, mas unicamente ao proletariado, à sua organização de Estado. A classe operária, isto é, a maioria da população, é que monopoliza temporariamente todos os meios de produção. Eis por que as relações de produção não são completamente comunistas. Existe ainda uma divisão da sociedade em classes; há ainda uma classe dominante: o proletariado; uma monopolização, por essa nova classe, de todos os meios de produção; um poder de Estado (o poder do proletariado) que submete seus inimigos. Mas, à medida que se quebra a resistência dos antigos capitalistas, proprietários, burgueses, generais e bispos, *o regime da ditadura proletária converte-se, sem revolução alguma, no comunismo.*

A ditadura proletária não é só uma arma para a repressão do inimigo, mas também a *alavanca da transformação econômica*. É preciso, por meio dessa transformação, constituir a propriedade social; é preciso retirar da burguesia ("expropriar") os meios de produção e de circulação. Quem, pois, o fará e quem o terá de fazer? Evidentemente, não são indivíduos, embora de origem proletária. Se isso fosse feito por indivíduos ou mesmo por pequenos grupos separados, seria, no melhor dos casos, uma partilha e, no pior, uma simples pirataria. Está claro, pois, que a expropriação da burguesia se deve verificar pela *força organizada* do proletariado. E essa força é precisamente o *Estado ditatorial proletário*.

De todos os lados, levantam-se objeções à ditadura do proletariado. Em primeiro lugar, dos *anarquistas*. Dizem que lutam contra todo o poder, contra todo o Estado, enquanto os bolcheviques (comunistas) são pelo poder dos sovietes. Ora, todo poder é violência, limitação da liberdade. Assim sendo, é preciso derrubar os bolcheviques, o poder dos sovietes e a ditadura do proletariado. Não mais ditadura, não mais Estado. Assim falam os anarquistas; na ilusão de serem revolucionários na realidade, eles não estão à esquerda, mas à direita, dos comunistas. Por que a ditadura? Para desferir o último golpe no domínio da burguesia, a fim de submeter pela violência (dizemo-lo abertamente) os inimigos do proletariado. A ditadura do proletariado é um machado nas mãos dos proletários. Aquele que não quer isso, que tem medo das ações decisivas e receia fazer mal à burguesia, não é um revolucionário. Quando a burguesia for completamente vencida, não teremos mais necessidade da ditadura do proletariado. Entretanto, desde que se trata de um combate mortal, o dever sagrado da classe operária consiste na repressão rigorosa de seus inimigos. *Entre o comunismo e o capitalismo, é necessário um período de ditadura do proletariado.*

Contra a ditadura se levantam também os *sociais-democratas*, em particular os mencheviques. Esses senhores se esqueceram completamente dos seus escritos de outrora. Em nosso antigo programa, elaborado em comum com os mencheviques,[37] diz-se textualmente: "A condição indispensável da revolução social é a *ditadura do proletariado*, isto é, a conquista pelo proletariado do poder político que lhe permitirá quebrar toda a resistência dos exploradores". Essa tese foi subscrita *verbalmente* pelos mencheviques. Porém, quando se trata de *agir*, eles se põem a berrar contra a violação das liberdades da burguesia, contra a interdição dos jornais burgueses, contra o "terror dos bolcheviques" etc. No entanto, o próprio Plekhanov aprovava, outrora, completamente, as medidas mais implacáveis contra a burguesia; ele dizia que nós podíamos privá-la do di-

---

37. Em 1903, antes da cisão que dividiu a social-democracia russa em bolcheviques e mencheviques. (N.T.)

reito de voto etc. Atualmente, tudo isso foi esquecido pelos mencheviques, que passaram para o campo da burguesia.

Muitas pessoas nos fazem, enfim, objeções de ordem moral. Dizem que nós raciocinamos como hotentotes. O hotentote diz: "Quando eu roubo a mulher de meu vizinho, tudo vai bem; quando é ele que rouba a minha, tudo vai mal". E os bolcheviques, murmuram-se, em nada se distinguem desses selvagens, visto que dizem: "Quando a burguesia reprime o proletariado, é um mal; quando o proletariado reprime a burguesia, é um bem".

Os que assim falam não compreendem em absoluto do que se trata. Entre os hotentotes, trata-se de dois homens iguais que, pela mesma razão, roubam uma mulher do outro. Mas o proletariado e a burguesia não são iguais. O proletariado é uma classe formidável, e a burguesia não passa de um punhado de indivíduos. O proletariado luta pela emancipação de toda a humanidade; a burguesia, pela continuação da opressão, da exploração, das guerras. O proletariado luta pelo comunismo; a burguesia, por manter o capitalismo. Se o capitalismo e o comunismo fossem uma só e a mesma coisa, a burguesia e o proletariado seriam semelhantes aos hotentotes. No entanto só o proletariado luta pelo mundo novo; tudo o que se coloca em seu caminho é nocivo.

24. A CONQUISTA DO PODER POLÍTICO

O proletariado realiza sua ditadura pela conquista do poder político. Mas que é a conquista do poder? Muita gente acredita que arrancar o poder da burguesia é tão simples como passar uma bola de um bolso para outro.

Esse modo de ver é completamente falso e, refletindo um pouco, veremos onde reside o erro.

Estado é uma organização. O Estado burguês é uma organização *burguesa*, em que determinados papéis são distribuídos aos homens: generais, escolhidos entre os ricos, estão à frente do exército; ministros, ricos igualmente, à frente da administração etc. Quando o proletariado luta pelo poder, contra *quem* luta ele? Antes de tudo, contra essa organização burguesa. Mas, se luta contra ela, sua tarefa é golpeá-la, *destruí-la*. E, como *a força principal do Estado* consiste em seu exército, é preciso, antes de tudo, para vencer a burguesia, minar e destruir o exército *burguês*. Os comunistas alemães não podem derrubar Scheidemann e Noske sem destruir previamente sua guarda branca. Enquanto o exército do adversário ficar intacto, a revolução não poderá vencer; se a revolução alcança a vitória, o exército da burguesia se decompõe e se esteriliza. Eis por que, por exemplo, a vitória sobre o czarismo foi apenas uma destruição parcial do exército; só a vitória da Revolução de Outubro[38] completou a destruição do aparelho de Estado do Governo Provisório e a dissolução do exército de Kerensky.

Sendo assim, a revolução *destrói* o poder antigo e cria um poder novo. É claro que, neste *novo* poder, entram certos elementos essenciais do antigo, mas eles aí encontram *outra* utilização. A conquista do poder de Estado não é, pois, a conquista da antiga organização, mas a criação de uma nova: a organização da classe que venceu na luta.

Essa questão tem um valor prático enorme. Censuram, por exemplo, os bolcheviques alemães (como outrora os bolcheviques russos) por desagregarem o exército e favorecerem a indisciplina, a desobediência aos generais etc. Essa acusação parecia e ainda parece grave a muitas pessoas. E, no entanto, nada tem de estranha. Um exército que marcha contra os operários por ordem de generais e de burgueses, muito embora seja de nossos compatriotas, deve ser destruído, senão a revolução está morta. Nada temos a temer dessa destruição do exército burguês, e é um mérito para um revolucionário destruir o aparelho de Estado da burguesia. Onde a disciplina burguesa não foi rompida, a burguesia é invencível. Não se pode desejar submetê-la e, ao mesmo tempo, temer maltratá-la.

25. O PARTIDO COMUNISTA E AS CLASSES NA SOCIEDADE CAPITALISTA

Para que, em um país, o proletariado possa vencer, é preciso que esteja unido e organizado, que tenha o seu partido comunista capaz de ver claramente para onde vai o capitalismo, de compreender a verdadeira situação política e os verdadeiros interesses da classe operária, de lhe explicar essa situação, de o conduzir à batalha e dirigir o combate.

Nenhum partido jamais reuniu em suas alas todos *os membros* de uma classe: nenhuma classe atingiu ainda semelhante grau de consciência.

Em geral, entram num partido os membros mais avançados de uma classe, os mais audazes, os mais enérgicos, os mais tenazes na luta. Por isso mesmo, esse partido é bem menor do que a classe que ele defende. Mas como o parti-

---

38. A Revolução Proletária na Rússia, vitoriosa em 7 de novembro de 1917, entrou na história sob o nome de Revolução de Outubro, assim como a vitória sobre o czarismo, verificada em março, é conhecida pelo nome de Revolução de Fevereiro. Isso se explica pelo fato de terem irrompido quando ainda vigorava, na Rússia, o velho calendário juliano, atrasado em treze dias em relação ao calendário gregoriano. (N.T.)

do defende precisamente a classe, cabe-lhe em geral o papel dirigente. Ele dirige toda a classe, e a luta das classes pelo poder assume a forma de uma luta dos partidos políticos pelo poder. Para compreender a natureza dos *partidos políticos*, é preciso examinar a situação das diferentes classes da sociedade capitalista. Essa situação determina interesses de classe, cuja defesa constitui precisamente a tarefa essencial dos partidos políticos.

Os proprietários de terras – No primeiro período do desenvolvimento capitalista, a lavoura baseava-se no trabalho de camponeses semiescravos. Os proprietários davam-lhes a terra cujo arrendamento era pago por eles, quer em espécie (por exemplo, a metade da colheita), quer em dinheiro. A classe proprietária tinha interesse em que os camponeses não fossem às cidades, opunha-se a qualquer inovação, a fim de conservar na aldeia relações de semiescravidão; outrossim, ela era contrária ao desenvolvimento da indústria. Esses proprietários, que possuíam antigos bens nobiliárquicos, não trabalhavam pessoalmente, na maioria dos casos, em suas propriedades e viviam como parasitas do trabalho de seus camponeses. Em consequência disso, os partidos dos proprietários de terras foram sempre e ainda são as colunas da mais negra reação; tendem, em toda parte, para a restauração do antigo regime, com o domínio dos proprietários e do czar, com a proeminência da nobreza e a escravidão completa dos camponeses e dos operários. São os partidos conservadores ou, mais exatamente, *reacionários*. Como os militares saíram sempre das fileiras dos proprietários nobres, não é de admirar que o partido dos proprietários esteja em excelentes relações com os generais e os almirantes. Isso se dá em todos os países.

Podemos citar os *junkers* (grandes proprietários) prussianos, entre os quais se escolhe o corpo de oficiais; citemos também a nobreza russa, cujos representantes na Duma[39] eram apelidados de "selvagens" e "auroques".[40] O conselho de Estado czarista era composto, em grande parte, de representantes dessa classe. Esses grandes proprietários pertencentes a antigas famílias, condes, príncipes etc., possuíam, antigamente, milhares de servos. Na Rússia, havia vários partidos de proprietários de terras: a união do povo russo, os nacionalistas, como Krupensky, os outubristas da direita etc.

A burguesia capitalista – Seu interesse é obter o lucro mais elevado da indústria nacional, isto é, a mais-valia arrancada do suor da classe operária. É claro

---

39. Parlamento na Rússia czarista. (N.T.)
40. Touros selvagens. (N.T.)

que seus interesses não se confundem absolutamente com os dos proprietários de terras. Quando o capital penetra na aldeia, destrói a antiga ordem de coisas; atrai o camponês para a cidade, onde cria um imenso proletariado; desperta nas aldeias novas necessidades; os camponeses, outrora pacatos, começam a tornar--se "turbulentos". Tais inovações não agradam aos proprietários de terras. Para a *burguesia capitalista*, ao contrário, são uma garantia de prosperidade. Quanto mais a cidade atrai camponeses, tanto mais numerosa é a força de trabalho a serviço dos capitalistas, e mais barata ficará. Quanto mais o campo se despovoa, tanto mais numerosos são os pequenos patrões que deixam de fabricar para o seu próprio uso, tanto mais depressa desaparece a antiga ordem de coisas em que o campo produzia tudo para o seu próprio uso, tanto mais se ampliam os mercados para os produtos manufaturados, e tanto mais o lucro da classe capitalista aumenta.

Eis por que a classe capitalista murmura contra os *velhos* proprietários de terras. Há, também, proprietários capitalistas que cultivam as próprias terras, com o auxílio do trabalho assalariado e de *máquinas*; seus interesses aproximam-os da burguesia, eles entram, em geral, nos partidos da alta burguesia. E, naturalmente, sua luta principal é dirigida contra a classe operária. Quando a classe operária luta *unicamente*, ou quase, contra os proprietários de terras, a burguesia fica benevolente (por exemplo, na Rússia, de 1904 a outubro de 1905). Mas quando os operários começam a conceber seu interesse comunista e se levantam contra a burguesia, esta se alia aos proprietários de terras contra os operários. Atualmente, em todos os países, os partidos da burguesia industrial (chamados partidos liberais) promovem uma luta encarniçada contra o proletariado revolucionário e formam o *grande estado maior político da contrarrevolução*.

Na Rússia, são estes os partidos: o Partido da Liberdade do Povo, também chamado Partido Constitucional-Democrata ou, simplesmente, Cadete (K.D.), assim como o partido, quase desaparecido, dos "outubristas". A burguesia industrial, os proprietários capitalistas, os banqueiros, assim como seus defensores, os intelectuais (professores, advogados bem pagos, escritores em voga, diretores de fábricas e de usinas) constituem o núcleo desses partidos.

Em 1905, eles murmuravam contra a autocracia, mas temiam os operários e os camponeses; depois da Revolução de Fevereiro, foram os cadetes que se puseram à frente de todos os partidos coligados contra o partido da classe operária, isto é, contra os bolcheviques ou comunistas. Em 1918-1919, os cadetes dirigiram todas as conspirações contra o poder dos Sovietes e participaram dos governos do general Denikin e do almirante Koltchak. Em resumo, esse partido, convertido em chefe da reação sangrenta, fundiu-se completamente com o partido dos proprietários de terras. Porque, sob a pressão da classe operária, todos os grupos de grandes proprietários se reúnem num só exército negro, em cuja frente se coloca, ordinariamente, o partido mais enérgico.

A pequena burguesia urbana e os intelectuais pequeno-burgueses – Dela fazem parte os artesãos, os pequenos comerciantes, os pequenos intelectuais empregados e os pequenos funcionários. Em suma, não se trata de uma classe, mas de uma massa muito heterogênea. Todos esses elementos, mais ou menos explorados pelo capital, trabalham, quase sempre, além de suas forças. Muitos desaparecem no curso do desenvolvimento capitalista. Mas suas condições de trabalho são tais que, na sua maioria, não se apercebem do caráter desesperado de sua situação sob o domínio capitalista. Tomemos, para exemplo, um artesão. Trabalha como um boi. O capital o explora de diversos modos: é explorado pelo agiota, pelo atacadista para o qual trabalha etc. Mas considera-se um pequeno patrão: trabalhando com seus próprios instrumentos, aparentemente é "independente" (conquanto, na realidade, esteja preso, por todos os lados, à teia de aranha do capitalismo); espera sempre vencer por suas próprias forças (– Quando meus negócios melhorarem – pensa continuamente –, adquirirei isto ou aquilo); procura fundir-se não com os operários – aos quais não quer imitar –, mas com os *patrões*, porque, no seu íntimo, espera um dia ser também patrão. Eis por que, embora pobre como um rato de sacristia, está mais perto dos seus exploradores do que da classe operária. Os partidos pequeno-burgueses tomam sempre a etiqueta de partido "radical", "republicano", às vezes, mesmo "socialista".[41] É muito difícil fazer com que o pequeno patrão reconheça o seu erro, e isso não é sua "culpa", mas a sua infelicidade.

Na Rússia, os partidos pequeno-burgueses adotavam, mais do que em qualquer outra parte, a máscara socialista: tais os "socialistas populares", os "socialistas revolucionários", os "mencheviques". É preciso notar que os socialistas revolucionários se apoiavam, principalmente, nos campos, nos elementos médios e nos exploradores.

Os camponeses – Ocupam uma posição semelhante à da pequena burguesia nas cidades. Também não formam uma classe, propriamente falando, porque, sob o regime capitalista, se desmembram continuamente. Em cada aldeia,

---

41. Ver as páginas seguintes.

alguns partem à procura de trabalho e acabam por tornar-se operários, enquanto outros se tornam exploradores. Os camponeses médios são, igualmente, um elemento muito instável; alguns deles se arruinam, transformando-se em "camponeses sem cavalo",[42] depois, em agregados de fábricas; outros melhoram gradualmente sua situação, compram uma fazenda, máquinas, contratam criados, em suma, tornam-se donos de empresas capitalistas. O campesinato não constitui, pois, uma classe. É preciso distinguir nele, pelo menos, *três grupos: a burguesia agrícola*,[43] explorando o trabalho assalariado; os *camponeses médios*, trabalhando por conta própria sem explorar o trabalho assalariado; e, enfim, os *semiproletários e proletários*.

Não é difícil compreender que, segundo sua situação, todos esses grupos assumem uma atitude diferente na luta entre o proletariado e a burguesia. Os camponeses abastados são, comumente, os aliados da burguesia e, muitas vezes mesmo, dos grandes proprietários (na Alemanha, por exemplo, os "grandes camponeses", como são chamados, entram nos partidos dos padres e dos proprietários; o mesmo se dá na Suíça, na Áustria e, em parte, na França; na Rússia, os camponeses abastados sustentavam, já em 1918, todas as conspirações contrarrevolucionárias). As camadas *semiproletárias e proletárias* sustentam, naturalmente, os operários na sua luta contra a burguesia e os camponeses abastados. No que se refere ao "camponês médio", a coisa é mais complicada.

Se os camponeses médios compreendessem que não há saída possível para a maioria deles sob o regime capitalista, que só alguns deles poderão ser "mandões" de aldeia, sendo condenados os demais a uma vida miserável, todos apoiariam resolutamente os operários. Mas a desgraça dos camponeses médios é a mesma dos artesãos e da pequena burguesia urbana. *Cada um* espera, no íntimo, enriquecer. Porém, de outro lado, eles são oprimidos pelo capitalista, pelo agiota, pelo proprietário. Eis por que a maioria deles oscila entre o proletariado e a burguesia. Não podem aceitar o ponto de vista operário, mas temem o grande proprietário como o fogo.

Isso se constata entre nós, na Rússia, com uma acuidade particular. Os camponeses médios sustentaram os operários contra o grande proprietário e o camponês abastado, mas, em seguida, temendo que a "comuna" piorasse sua situação, marcharam contra os operários; os camponeses abastados conseguiram seduzi-los,

---

42. Expressão usada na Rússia para designar os camponeses pobres. (N.E.).
43. Constituída pelos *kulaks* (camponeses abastados). (N.T.)

mas, quando o perigo do grande proprietário (Denikin Koltchak) se tornou de novo ameaçador, eles voltaram a apoiar os operários.

O mesmo ocorre na luta dos partidos: os camponeses médios marcharam, ora com o partido *operário* (os bolcheviques ou comunistas), ora com o dos *camponeses abastados* e dos *grandes proprietários* (os socialistas revolucionários).

A *classe operária, o proletariado*, nada tem a perder, salvo os grilhões.[44] Não só esta é explorada pelos capitalistas, como também, já o vimos, o curso do desenvolvimento capitalista consolida-a numa força poderosa, homogênea, habituada a trabalhar e a lutar em comum. Eis por que a classe operária é a *classe mais avançada da sociedade capitalista, e seu partido o mais avançado, o mais revolucionário que pode existir*.

É natural, também, que esse partido tenha por fim a Revolução Comunista. E, para atingir esse objetivo, o partido do proletariado deve mostrar-se *irreconciliável*. Ele não tem de negociar com a burguesia, mas derrubá-la e despedaçar-lhe a resistência. Deve "desmascarar o *abismo intransponível* entre os interesses dos exploradores e os dos explorados" (assim se exprimia nosso antigo programa, assinado igualmente pelos mencheviques, que, infelizmente, o esqueceram de todo e piscam o olho, agora, para a burguesia).

Mas que posição deve tomar nosso partido a respeito da *pequena burguesia*?

Depois do que dissemos aqui, nossa posição é clara. É preciso demonstrar-lhe, de todos os modos, que toda esperança numa vida melhor, sob o regime capitalista, é mentira ou quimera. É preciso explicar, incansavelmente, ao camponês médio que ele deve passar resolutamente para o campo do proletariado, lutar ao lado do proletariado, a despeito de todas as dificuldades; devemos frisar que a vitória da burguesia só aproveitaria aos camponeses abastados transformados em novos proprietários. Em suma, é preciso chamar todos os trabalhadores para uma *coligação com o proletariado*, colocando-se no ponto de vista da classe operária. A pequena burguesia e os camponeses médios estão cheios de preconceitos que se originam de suas condições de vida. Nosso dever é explicar-lhes as coisas como são e mostrar-lhes que a situação do artesão e do pequeno camponês é desesperadora. No regime capitalista, o camponês terá sempre, sobre as próprias costas, um proprietário; só depois da vitória e do fortalecimento do

---

44. Ver Marx, Karl; Engels, Friedrich. *Manifesto do Partido Comunista*. 3ª edição. São Paulo: Edipro, 2015. (N.E.)

poder proletário é que se poderá construir a vida sobre novas bases. E como só o proletariado pode vencer por sua solidariedade e sua organização e graças a um partido forte e resoluto, é preciso chamar às suas alas todos os trabalhadores para os quais essa nova vida é desejada e que aprenderam a pensar, a viver e a lutar *com proletários*.

Nós vemos, com o exemplo da Alemanha e da Rússia, a importância de um partido comunista resoluto e combativo. Na Alemanha, onde o proletariado estava desenvolvido, não havia, entretanto, antes da guerra, partido combativo da classe operária igual ao dos bolcheviques russos. Foi somente durante a guerra que os camaradas Karl Liebknecht, Rosa Luxemburgo e outros trataram de organizar um verdadeiro Partido Comunista. Eis por que, em 1918-1919, apesar de toda uma série de sublevações, os operários alemães não puderam vencer a burguesia. Na Rússia, pelo contrário, havia um verdadeiro partido de classe – o nosso. Graças a isso, o proletariado russo foi bem dirigido e, malgrado todas as dificuldades, foi o primeiro proletariado que pôde mostrar tal união e vencer rapidamente. Nosso partido, sob esse aspecto, pode servir de exemplo aos outros partidos comunistas.[45] Sua coesão e sua disciplina são conhecidas de todo o mundo. Ele é verdadeiramente o partido mais combativo, o que dirige a Revolução Proletária.

---

45. Esta obra foi redigida em 1919. (N.T.)

CAPÍTULO IV
Como o desenvolvimento do capitalismo acarretou a Revolução Comunista

26. O CAPITAL FINANCEIRO

Vimos que há, entre os patrões, lutas encarniçadas e ininterruptas em torno do comprador, e que, nessas lutas, os grandes patrões triunfam sempre. Os pequenos capitalistas são vencidos e sucumbem, ao passo que o capital e a produção se concentram nas mãos dos maiores capitalistas (concentração e centralização do capital). Pouco depois de 1880, o capital já estava bem centralizado. Surgiram, então, em lugar dos antigos proprietários individuais, *sociedades por ações* (anônimas), que eram, bem entendido, sociedades de capitalistas. Que são essas sociedades? Qual a sua origem? A resposta não é difícil. Cada empresa nova devia dispor, desde o início, de um capital bem considerável. Uma empresa de pequeno crédito tinha poucas probabilidades de viver, porque era imediatamente bloqueada por poderosos rivais, os grandes industriais; se não quisesse morrer, mas viver e prosperar, a nova empresa deveria estar, desde o início, solidamente organizada. Isso só seria possível se se dispusesse, de pronto, de um grande capital. *Tal é a origem da sociedade por ações. Ela se caracteriza pelo fato de grandes capitais explorarem os capitais de pequenos burgueses e mesmo a pequena economia dos não capitalistas (empregados, camponeses, funcionários etc.).* Cada um deles contribui com uma ou várias partes e recebe em troca um ou vários pedaços de papel, uma ou várias "ações", o que lhe dá o direito de participar de uma parte do lucro. Essa acumulação de somas fornecidas produz, de uma só vez, um forte capital por ações.

Quando surgiram as sociedades anônimas, certos sábios burgueses e, com eles, os socialistas conciliadores declararam que uma nova era começava, que o capital não acarretava a dominação de um punhado de capitalistas, mas que, pelo contrário, cada empregado poderia, com suas economias, comprar uma ação e tornar-se capitalista. O capital iria tornar-se, assim, cada vez mais democrático e a diferença entre o capitalista e o operário desapareceria sem revolução. Tudo isso era conversa fiada. O contrário é o que ocorreu. Os grandes capitalistas não fizeram senão explorar os pequenos para os seus próprios fins, e a centralização do capital progrediu ainda mais rapidamente do que antes, porque a luta se travou entre as grandes sociedades por ações.

É fácil compreender por que os grandes capitalistas acionistas fizeram dos pequenos acionistas seus auxiliares. O pequeno acionista, habitando quase sempre uma cidade distante, não pode percorrer centenas de quilômetros para assistir à assembleia geral dos acionistas. E ainda que os pequenos acionistas estejam presentes, não estão organizados. Em compensação, os grandes acionistas, que estão organizados e que sabem o que querem, chegam facilmente aos seus fins. A experiência mostrou que lhes é suficiente possuir um terço das ações para se tornarem senhores absolutos da empresa.

Entretanto a concentração e a centralização do capital não param aí. Os últimos dez anos viram surgir, em lugar das empresas individuais e das sociedades por ações, *agrupamentos de sociedades capitalistas, sindicatos*[46] *(ou cartéis, e trusts)*. Suponhamos que, num ramo de produção – por exemplo, na indústria têxtil ou na indústria metalúrgica –, os pequenos capitalistas já tenham desaparecido, só restam cinco ou seis empresas enormes que produzem quase todas as mercadorias desse ramo. Elas entram em luta e, para fazer concorrência, baixam os preços, o que acarreta uma diminuição dos lucros. Suponhamos, agora, que algumas dessas empresas sejam mais fortes que as outras. Elas vão continuar a luta até que as mais fracas fiquem arruinadas. Mas admitamos que haja um equilíbrio entre as forças em luta: elas têm o mesmo poder de produção, um número igual de operários, as mesmas máquinas, o mesmo preço de custo. Que acontecerá? A luta não dará a vitória a ninguém, esgotará cada empresa por igual, diminuirá o lucro de todos. Então, os capitalistas chegarão a esta conclusão: – Para que rebaixarmos mutuamente os preços? Não seria melhor unirmo-nos e saquearmos o público em comum? Se nos unirmos, não haverá mais concorrência, todas as mercadorias estarão em nossas mãos e poderemos elevar os preços à nossa vontade. – Assim nasce uma associação de capitalistas, um *sindicato* ou um *trust*.

O *sindicato* (ou *cartel*) distingue-se do *trust*. Quando formam um sindicato, os capitalistas combinam entre si que não venderão as mercadorias abaixo de um de-

---

[46] Não se trata aqui de sindicatos operários, mas de organizações patronais com o mesmo nome. (N.E.)

terminado preço, que dividirão entre si as encomendas ou os mercados. ("Tu só venderás em tal lugar, e eu em outro" etc.). Mas a direção do sindicato não pode fechar nenhuma das empresas; cada uma faz parte da associação, guardando uma certa independência. Num *trust*, pelo contrário, as empresas se unem tão estreitamente que cada uma perde toda a independência: a direção de um *trust* pode fechar uma usina, transformá-la, transferi-la para outro lugar, se isso for vantajoso para o *trust*. O proprietário da empresa continua, evidentemente, a receber o seu lucro, que aumenta mesmo, mas tudo é dirigido pela união estreita e coerente dos capitalistas, pelo *trust*.

Os *sindicatos* e os *trusts* dominam quase inteiramente o mercado. Não temem a menor concorrência, abafaram-na completamente[47] e a substituíram pelo monopólio capitalista, isto é, pela dominação do *trust*.

Assim, a concentração e a centralização do capital afastaram gradualmente a concorrência. A concorrência devorou-se a si mesma, porque, quanto mais crescia, mais a centralização progredia, rapidamente, e mais rapidamente também se arruinavam os capitalistas mais fracos. No fim das contas, a própria concentração do capital matava essa concorrência que a fizera nascer. O livre jogo da empresa, isto é, a livre concorrência, foi substituído pelo domínio das empresas monopolizadas, dos sindicatos e dos *trusts*.

São bastantes alguns exemplos para apreciar a força gigantesca dos *trusts* e dos sindicatos. Nos Estados Unidos, em 1900, a parte dos sindicatos era, na produção têxtil, de mais de 50%; na produção mineira, de 54%; no fabrico de papel, de 60%; na produção metalúrgica (salvo o ferro e o aço), de 84%; na produção do ferro e do aço, de 84%; na produção química, de 81% etc. É escusado dizer que, no momento atual, sua parte cresceu desmedidamente. De fato, toda a produção americana está, agora, concentrada nas mãos de dois *trusts*: o *trust* da nafta (petróleo) e o *trust* do aço. Desses dois *trusts* dependem todos os outros.

Na Alemanha, em 1913, 92,6% da produção do carvão na bacia do Ruhr estava nas mãos de um só sindicato. O sindicato do aço produzia quase a metade do aço alemão. O *trust* do açúcar produzia quase 70% da venda interna e 80% da venda externa etc.

Mesmo na Rússia, toda uma série de ramos já estava sob o controle completo dos sindicatos. O sindicato *Produgol* fornecia 60% do carvão do Donetz; o sin-

---

47. Ou melhor: a concorrência entre particulares vai transformando-se cada vez mais, e com uma acuidade sempre crescente, na concorrência entre as organizações de monopólios (*trusts*). (N.T.)

dicato *Prodamet*, de 88% a 93% da produção metalúrgica; *Krovlia*, 60% da folha de flandres. *Produagon* tinha centralizado 14 das 16 empresas de construção; o sindicato do cobre, 90%; o sindicato açucareiro, toda a produção do açúcar etc.

Segundo os cálculos de um sábio suíço, no início do século XX, a metade dos capitais do mundo encontrava-se já nas mãos dos sindicatos e dos *trusts*.

Os *sindicatos* e os *trusts* não centralizam somente empresas da mesma natureza. Cada vez mais vemos surgirem *trusts compreendendo a um tempo vários ramos industriais*. Como se produz isso?

Todos os ramos da produção estão ligados entre si, antes de tudo, pela compra e pela venda. Tomemos a extração do minério do ferro e do carvão, que servem de matérias-primas para as fundições e as usinas metalúrgicas. Por sua vez, essas usinas vão produzir, por exemplo, máquinas. Essas máquinas vão servir de meios de produção numa série de outros ramos etc.

Suponhamos, agora, que possuíssemos uma fundição. Ela compra minério de ferro e de carvão e tem interesse em comprar por preço módico. Sim, mas e se o minério e o carvão se encontram nas mãos de outro sindicato?

Vai começar, então, entre os dois sindicatos, uma luta que terminará ou pela vitória de um sobre o outro ou pela sua fusão. Em um e em outro caso surge um novo sindicato unindo os dois ramos ao mesmo tempo. É claro que dois, três, dez ramos podem fundir-se desse modo. As empresas desse gênero chamam-se *integradas*, ou *combinadas*.

Assim, os *sindicatos* e os *trusts* associam não só ramos particulares, mas fundem numa única organização produções heterogêneas, ligam um ramo a um segundo, a um terceiro, a um quarto etc. Outrora, em todos os ramos, os proprietários de empresas eram independentes uns dos outros e toda a produção estava desmembrada *entre centenas de milhares de pequenas fábricas*. No começo do século XX, essa produção já estava concentrada em *trusts gigantescos reunindo numerosos ramos de produção*.

As uniões entre diferentes ramos da produção não são devidas unicamente à formação de empresas "combinadas". É preciso ainda dirigir nossa atenção para um fenômeno mais importante do que essas empresas combinadas – *a dominação dos bancos*.

Porém, primeiro, é preciso dizer algumas palavras sobre os bancos.

Vimos que, após a concentração e a centralização terem atingido certo grau, a necessidade de capitais fez-se sentir para dar às novas empresas uma grande e rápida extensão (essa necessidade, diga-se de passagem, é que fez nascer as sociedades por ações). A criação de novas empresas exigiu, pois, capitais cada vez mais consideráveis.

De outro lado, observemos o que o capitalista faz de seu lucro. Sabemos que uma parte serve para sua manutenção, para o seu vestuário, em suma, é gasta consigo; mesmo o resto, porém, ele o "acumula". Como assim? Pode ele, a todo instante, aumentar sua empresa, aplicando nela esta parte do lucro? Não, porque o dinheiro lhe chega às mãos continuamente, é verdade, mas pouco a pouco. Ele vende uma parte de sua mercadoria, cujo montante guarda em dinheiro, depois uma outra parte, e guarda uma nova soma de dinheiro. Mas, para o engrandecimento da empresa, é preciso que esse dinheiro represente uma certa soma, senão ele não pode ser utilizado, fica sem aplicação. Isso se passa não só com um ou dois capitalistas, mas com todos. Entre eles, há sempre *capital sem aplicação*. Ora, nós vimos que existe também uma *procura de capitais*. De um lado, há capitais sem aplicação e, do outro, necessidade de dinheiro. Quanto mais se centraliza o capital, mais aumenta essa necessidade de capitais consideráveis, ao mesmo tempo que a quantidade de capital disponível. Foi essa situação que fez crescer a *importância dos bancos*. Para que seu dinheiro não fique sem emprego, o capitalista deposita-o num banco, que o empresta a industriais para o aumento de antigas empresas ou para a criação de novas. Os industriais, com o auxílio do capital recebido, subtraem *mais-valia*, dão uma parte dela ao banco, como juro de empréstimo; o banco, por sua vez, cede de sua parte um tanto para os depositantes e guarda o resto para si mesmo, na qualidade de lucro bancário. Assim roda a engrenagem da máquina.

Nesses últimos tempos, o papel, a importância e a atividade dos bancos cresceram de modo prodigioso. Os bancos absorvem capitais cada vez maiores e colocam uma quantidade sempre mais considerável deles na indústria. O capital bancário "trabalha" continuamente na indústria, ele mesmo se converte em capital industrial. A indústria fica na dependência dos bancos que a sustentam e a alimentam com capital. O capital bancário enxerta-se no capital industrial. Essa forma do capital chama-se capital financeiro. *O capital financeiro é, pois, o capital bancário enxertado no capital industrial.*

O capital financeiro liga entre si, por intermédio dos bancos, todos os ramos da indústria, de um modo ainda maior do que as combinações. Por quê?

Tomemos um grande banco. Ele fornece capitais não a uma só, mas a numerosas empresas ou a numerosos sindicatos: custeia-os, como se diz. Por isso, tem interesse em que as empresas não se devorem entre si; o banco liga-as umas às outras, sua política constante visa realizar a fusão dessas empresas numa só, sob sua direção; o *banco se assenhoreia de toda a indústria*, de toda uma série de ramos de produção; os homens de confiança dos bancos tornam-se diretores dos *trusts*, dos sindicatos e das empresas.

Em suma, obtemos o quadro seguinte: *toda a indústria de um país está reunida em sindicatos,* trusts *e empresas combinadas, por intermédio dos bancos; à frente de toda a vida econômica, um punhado de grandes banqueiros dirige toda a indústria. E o Estado executa todas as vontades desses potentados dos bancos e dos sindicatos.*

É o que, muito facilmente, pode ser observado na América. Nos Estados Unidos, o governo não passa de um servidor dos *trusts* americanos. O Parlamento tem por função homologar as decisões dos potentados dos bancos e dos sindicatos. Os *trusts* gastam somas enormes para a corrupção dos deputados, para as campanhas eleitorais etc. Um escritor americano (Myars) conta que, em 1904, o *trust* de seguros *Mutual* gastou, nessa obra de corrupção, 364.254 dólares, o *Equitable*, 172.698, a *New-York*, 204.019, e assim consecutivamente. O genro de Wilson, o ministro das Finanças, Mac-Adoo, é um dos maiores banqueiros e administradores de sindicatos. Os senadores, os ministros, os deputados, simples empregados ou membros dos grandes *trusts*. O Estado na "livre República" não passa de uma usina para despojar o público.[48]

Assim, podemos dizer que um país capitalista, sob o domínio do capital financeiro, transforma-se inteiramente em um enorme *trust* combinado, à frente do qual se encontram os bancos e cujo conselho de administração é o poder do Estado burguês. A América, a Inglaterra, a França, a Alemanha etc. não passam de *trusts* capitalistas nacionais de organizações poderosas de potentados dos bancos e dos sindicatos, que exploram e dominam centenas de milhões de operários, de escravos assalariados.

27. O IMPERIALISMO[49]

O capital financeiro suprime, até certo ponto, em cada país, a anarquia da produção capitalista. Os proprietários individuais de empresas em luta fundem-se em um *trust* de Estado capitalista. Mas que se dá, então, com umas das contra-

---

48. No Brasil, tudo isso acontece como a coisa mais natural deste mundo. Deixamos ao leitor, como um exercício de memória, tão fácil quanto divertido, a citação dos exemplos. (N.T.)
49. Para um estudo mais completo deste assunto, convém ler: *O imperialismo, fase superior do capitalismo,* de Vladimir Lenin; *O imperialismo e a economia mundial,* de Nikolai Bukharin; *A acumulação do capital,* de Rosa Luxemburgo.

dições fundamentais do capitalismo? Dissemos, mais de uma vez, que este regime desaparecerá certamente: de um lado, por falta de organização e, de outro lado, porque em seu seio reina a luta de classes. Mas se uma dessas contradições[50] desaparece, continua a ter fundamento a predição concernente à morte do capitalismo?

Na realidade, a anarquia da produção e a concorrência não são suprimidas; ou, mais exatamente, elas são suprimidas num lugar para manifestar-se em outros com maior acuidade. Examinemos esse fenômeno detalhadamente.

O capitalismo atual é um capitalismo *mundial*. Todos os países dependem uns dos outros. Não há um só rincão da terra que não esteja hoje sob o tacão do capital; não há país que produza por si mesmo tudo quanto lhe é necessário.

Toda uma série de produtos só é obtida em determinados lugares; as laranjas não nascem em países frios e o minério de ferro não pode ser extraído dos terrenos graníticos. O café, o cacau e a borracha só podem ser produzidos em países quentes. O algodão é colhido nos Estados Unidos, na Índia, no Egito, no Turquestão, de onde é exportado para todos os países do mundo. Dispõem do carvão a Inglaterra, a Alemanha, os Estados Unidos, a Checoslováquia, a Rússia; ao passo que a Itália, não o produzindo, depende inteiramente do carvão inglês ou alemão etc. O trigo é exportado da América, da Índia, da Rússia e da Romênia para todos os países.

Além disso, certos países são mais civilizados que outros. Sendo assim, todas as espécies de produtos da indústria urbana são lançadas por eles nos mercados dos países atrasados; os produtos metalúrgicos são fornecidos ao universo inteiro principalmente pela Inglaterra, pelos Estados Unidos e pela Alemanha; os produtos químicos eram fornecidos, antes da guerra, sobretudo pela Alemanha.

Cada país depende de outro. Até onde pode ir essa dependência, vê-se pelo exemplo da Inglaterra, que importa de 75% a 80% do seu trigo e a metade de sua carne, mas que, em compensação, é obrigada a exportar a maior parte de seus produtos manufaturados.

O capital financeiro suprime a concorrência *no mercado mundial*? E quando reúne capitalistas em tal ou qual país cria ele uma organização mundial? Não. A anarquia da produção e a concorrência em um país determinado cessam mais ou menos, porque as maiores empresas individuais se reúnem num *trust* nacional. Porém, com maior intensidade, *a luta se trava entre os próprios* trusts *capita-*

---

50. Ver o *item 13: Contradições principais do regime capitalista.*

listas nacionais. É o que sempre se observa na centralização do capital: quando os pequenos proprietários de empresas desaparecem, o *número de concorrentes* diminui, porque só restam os grandes, mas estes combatem com meios poderosos, e a concorrência entre fabricantes particulares cede lugar à batalha entre os *trusts*. Mas o seu combate é, por isso mesmo, mais violento, mais encarniçado e mais destruidor. Quando os capitalistas de um país particular eliminam todos os pequenos concorrentes e se organizam num *trust* capitalista nacional, o número de concorrentes ainda diminui. Os concorrentes são unicamente potências capitalistas formidáveis. E sua luta é acompanhada de despesas e de devastações inauditas. A concorrência dos *trusts* capitalistas nacionais manifesta-se, em tempo de "paz", pelo armamentismo, para terminar nas *guerras devastadoras*. Assim, o capital financeiro que suprime a concorrência em cada país acarreta uma concorrência encarniçada, monstruosa, entre todos os países capitalistas.

Por que essa concorrência entre países capitalistas acaba sempre numa política de conquistas, na guerra? Por que esta concorrência não pode ser pacífica?

Quando dois fabricantes estão em concorrência, não se atiram um contra o outro armados de faca, mas procuram disputar entre si os compradores numa luta pacífica. Por que, pois, a concorrência, no mercado mundial, se tornou tão encarniçada e *armada*?

Examinemos como teve de modificar-se a política da burguesia, passando do capitalismo antigo, onde florescia a livre concorrência, para o novo capitalismo, em que a hegemonia cabe ao capital financeiro.

Comecemos pelo que se chama a política *alfandegária*. Na luta entre os países, cada governo, que protege sempre os seus capitalistas,[51] há muito tempo encontrou um meio de luta nos direitos de alfândega. Quando, por exemplo, os fabricantes de tecidos russos temiam que seus concorrentes ingleses ou alemães introduzissem suas mercadorias na Rússia, concorrendo assim para a baixa dos preços, o governo czarista ao seu serviço aplicava logo impostos sobre os tecidos ingleses ou alemães. Isso entravava, evidentemente, a entrada das mercadorias estrangeiras na Rússia e os fabricantes declaravam que os direitos alfandegários eram necessários para a proteção da indústria nacional.

---

51. Quando o governo do Brasil faz concessões a este ou àquele país imperialista, é claro que não o faz por espírito de "camaradagem" ou por esporte, mas para obter, em troca, certas vantagens (empréstimos etc.) para os seus próprios capitalistas. (N.T.)

Ora, nos diferentes países, podia-se verificar que eram diversos os desígnios que guiavam a uns e a outros. Era de se notar que, sobretudo os capitalistas dos países maiores e mais poderosos, encabeçados pela América, é que reclamavam com mais energia e impunham impostos elevados. A concorrência podia realmente prejudicá-los?

Suponhamos que toda a indústria têxtil de um país esteja monopolizada por um sindicato ou um *trust*. Que acontecerá, uma vez estabelecidos os direitos alfandegários? Os potentados dos sindicatos capitalistas desse país matam de uma cajadada dois coelhos: primeiro, livram-se da concorrência estrangeira; depois, podem, sem nenhum risco, aumentar o preço de suas mercadorias quase ao par do valor dos direitos alfandegários. Suponhamos que, sobre um metro de tecido, os direitos tenham sido aumentados de um rublo. Então os barões do sindicato têxtil podem, sem receio, aumentar de um rublo ou de 90 *copeques*[52] o preço do metro de tecido. Se o *sindicato* não existisse, a concorrência entre os capitalistas dentro do país faria imediatamente baixar os preços. Mas o sindicato pode, sem receio, operar esse aumento: o direito alfandegário é bastante elevado para que recuse a concorrência estrangeira, e a concorrência interna é suprimida.

O Estado dos potentados do sindicato adquire rendas com os impostos alfandegários, e o próprio sindicato realiza *um lucro suplementar* graças ao aumento dos preços. Os potentados, graças a esse lucro suplementar, podem exportar suas mercadorias para outros países e vendê-las com perda, com o único fito de afastar seus rivais desses países. Assim é que o sindicato russo dos refinadores de açúcar mantinha o açúcar na Rússia, a preços relativamente elevados, mas o vendia na Inglaterra a baixo preço, com o único intuito de eliminar seus concorrentes do mercado inglês. Chegou a ser provérbio que, na Inglaterra, se alimentavam os porcos com o açúcar russo. Por conseguinte, com o auxílio dos direitos alfandegários, os potentados de um sindicato têm a possibilidade de *saquear a fundo seus compatriotas e colocar sob o seu domínio os compradores estrangeiros*.

As consequências de tudo isso são muito importantes. É claro que a mais-valia dos senhores do sindicato vai crescer com o número dos carneiros que se deixar tosquiar ao abrigo das barreiras alfandegárias. Se o país é vasto e muito povoado, o lucro será considerável; podendo lançar-se resolutamente no mercado mundial, todas as esperanças serão permitidas. Mas a fronteira alfandegária coincide, em geral, com a fronteira do Estado. Como ampliar esta última?

---

52. Centésima parte do rublo. (N.T.)

Como arrancar um pedaço de território estrangeiro e incorporá-lo ao território de sua própria nação? Pela guerra. O domínio dos senhores do sindicato está, pois, necessariamente ligado às guerras de conquista. Cada Estado capitalista se esforça, pela pirataria, em ampliar suas fronteiras: os interesses dos senhores dos sindicatos, os do capital financeiro, o exigem. Ampliar as fronteiras é sinônimo de fazer a guerra.

Assim, a política alfandegária dos sindicatos e dos *trusts*, de acordo com sua política no mercado mundial, traz os conflitos mais violentos. Mas outras coisas também concorrem para isso.

Vimos que o desenvolvimento da produção acarreta uma acumulação ininterrupta de mais-valia. Em cada país capitalista avançado forma-se, pois, continuamente, capital *em excesso*, rendendo menos do que num país atrasado. Quanto maior for esse excesso de capital, maior é o esforço para *exportá-lo* e colocá-lo em outros países. A política alfandegária favorece extremamente esse gênero de colocações.

Com efeito, os impostos alfandegários entravam a importação das mercadorias. Quando os fabricantes russos, por exemplo, fizeram taxar, com impostos elevados, as mercadorias alemãs, os fabricantes deste país tiveram mais dificuldades para escoar suas mercadorias na Rússia.

Em vista disso, os capitalistas alemães encontraram outra saída: exportaram para a Rússia seus capitais, construíram usinas, compraram ações de empresas. Mas os direitos de alfândega não são um obstáculo a essa exportação? De forma nenhuma. Longe de impedi-la, *favorecem-na*, provocam-na. Com efeito, quando os capitalistas alemães criavam fábricas na Rússia, e quando, além disso, aderiram a algum sindicato "russo", os direitos russos de importação os auxiliavam a embolsar mais-valia; eram-lhes tão úteis na sua empreitada de pilhagem ao público quanto aos seus colegas russos.

O capital não é somente exportado de um Estado para outro a fim de fundar ou sustentar empresas; o mais das vezes, é *emprestado a juros a outro Estado*, o que quer dizer que esse outro Estado aumenta sua *dívida pública* e torna-se devedor do primeiro. Nesse caso, o Estado devedor compromete-se, ordinariamente, a efetuar todas as suas compras (sobretudo a compra de armamentos) com os industriais do Estado que lhe emprestou o capital. Assim se transpassam de um Estado para outro capitais formidáveis, colocados em parte em empresas e construções, em parte nos empréstimos do Estado. Sob o domínio do capital financeiro, a exportação dos capitais atinge proporções inauditas.

Eis, a título de exemplo, alguns números já velhos, mas suficientemente eloquentes. A França, em 1902, tinha, em 26 Estados, 35 bilhões de francos colocados. Quase a metade era em empréstimos de Estados, dos quais a parte do leão cabia à Rússia com 10 bilhões. (Eis por que – seja dito de passagem – a burguesia francesa ficou tão furiosa ao anularmos as dívidas do czar e nos recusarmos a pagá-las aos agiotas franceses). Em 1905, o montante do capital exportado excedia já 40 milhões. A Inglaterra, em 1911, tinha no estrangeiro perto de 1,6 bilhão de libras esterlinas (uma libra esterlina, ao câmbio de antes da guerra, valia aproximadamente 10 rublos ou 25 francos), e se tomarmos em conta as colônias inglesas, essa cifra passava de 3 bilhões de libras esterlinas. A Alemanha tinha no estrangeiro, antes da guerra, aproximadamente 35 bilhões de marcos. Em resumo, cada Estado capitalista exportava formidáveis capitais para saquear, assim, os povos estrangeiros.

A exportação do capital produz graves consequências. Os grandes Estados disputam entre si os países para onde exportar seus capitais. Isso se dá porque, exportando os capitalistas seus capitais para um país estrangeiro, não arriscam algumas mercadorias, mas somas enormes, contando-se por milhões e bilhões. Daí, naturalmente, o desejo crescente de ter inteiramente ao seu dispor os pequenos países em que colocar esses capitais e obrigar suas próprias *tropas* a fiscalizar essas colocações. Os Estados exportadores esforçam-se por submeter a todo preço esses países ao seu domínio ou, dizendo melhor, por *conquistá-los*. E como esses pequenos países, mais fracos, podem ser assaltados ao mesmo tempo por *vários* grandes Estados salteadores, é claro que os Estados salteadores acabam por se chocar mutuamente. E foi o que aconteceu. Por conseguinte, a exportação do capital conduz igualmente à guerra.

Com os direitos impostos pelos sindicatos, a luta pelos mercados agravou-se terrivelmente. No fim do século XIX, quase não havia mais territórios livres para onde exportar suas mercadorias e seu capital. E, ao mesmo tempo, os preços das matérias-primas subiam, assim como os dos metais, da lã, da madeira, do carvão e do algodão. Nos anos que precederam a Guerra Mundial, dava-se uma competição louca pelos mercados; travava-se a luta por *novas fontes de matérias-primas*. Os capitalistas viviam, no mundo inteiro, à espreita de novas minas, de novas jazidas e de novos mercados para seus produtos metalúrgicos, seus tecidos e suas demais mercadorias, bem como de um público novo para roubar. Antigamente, várias casas podiam, quase sempre em um mesmo país, fazer entre si uma concorrência "pacífica", e se acomodavam bem ou mal. Com o domínio dos bancos e dos *trusts, modificou-se a situação.* Suponhamos que se haviam descoberto novas jazidas de minério de cobre. Imediatamente caem nas mãos de um banco ou de um *trust* que as açambarca *inteiramente,* fazendo de sua posse um monopólio. Para os capitalistas dos outros países, nada mais a fazer. Assim se dá não só quanto às matérias-primas, como também quanto aos mercados. Suponhamos que o capital estrangeiro penetre em algumas colônias distantes. Logo de início, o escoamento das mercadorias vai ser organizado em grande escala. Ordinariamente é uma grande firma gigantesca que toma a direção da empresa, funda imediatamente filiais e se esforça, por uma pressão sobre o poder local e por mil tramoias e artifícios, por *monopolizar* a venda e afastar seus concorrentes. Está claro que a forma sindical se impõe ao capital *monopolizador,* aos *trusts* e aos sindicatos. Não se trata mais do "bom tempo antigo", trata-se da luta no mercado mundial dos bandidos e dos saqueadores monopolistas.

O crescimento do capital financeiro agravou fatalmente a luta pelos mercados e pelas matérias-primas e produziu os choques mais violentos.

No último quartel do século XIX, os grandes Estados salteadores anexaram a si territórios estrangeiros que pertenciam a pequenas nações. De 1876 a 1914, as "grandes potências", como são chamadas, açambarcaram perto de 25 milhões de quilômetros quadrados; roubaram, dessa forma, territórios estrangeiros com uma superfície igual a mais do que o dobro da Europa. *O universo inteiro ficou partilhado entre esses grandes saqueadores,* que fizeram de todos esses países *suas colônias,* seus tributários e seus escravos.

Vejamos alguns exemplos.

A Inglaterra, desde 1870, adquiriu, na Ásia, o Beluquistão, a Birmânia, o Chipre, todo o norte de Bornéu, Hong Kong; aumentou seus estabelecimentos de Singapura; açambarcou a península do Sinai etc. Na Oceania, ocupou toda uma série de ilhas, a parte oriental da Nova Guiné, a maior parte das ilhas Salomão, a ilha Tonga etc. Na África, estendeu seu domínio ao Egito, ao Sudão com a Uganda, à África Oriental, à Somália Britânica, a Zanzibar, à Pemba; absorveu as duas repúblicas dos Boers, a Rodésia, a África Central Britânica; ocupou a região do Níger etc.

A França, desde 1870, submeteu o Anam, o Tonquim, o Laos, a Tunísia, as ilhas Canoras, Madagascar, grandes extensões no Saara, o Sudão e a Guiné; adquiriu terras na Costa do Marfim, na Somália etc. No começo do século XX, as colônias francesas eram quase vinte vezes maiores que a própria França. No que concerne à Inglaterra, suas colônias são cem vezes maiores que a metrópole.

A Alemanha participou desses roubos a partir de 1884 e, em pouco tempo, conseguiu açambarcar vastos territórios.

A Rússia czarista praticou, igualmente, em grande escala, a política de pirataria, sobretudo nestes últimos tempos, na Ásia, o que a conduziu ao conflito com o Japão, que pretendia roubar a Ásia pela outra extremidade.

Os Estados Unidos apoderaram-se de muitas ilhas que rodeiam a América; depois, puseram-se a roubar o bem alheio no próprio continente. Particularmente odiosa é sua política de banditismo no México.

Essas seis grandes potências tinham, em 1914, 16 milhões de quilômetros quadrados de superfície, enquanto suas colônias abarcavam 81 milhões de quilômetros quadrados.

Essas incursões de bandidos atingiam, em primeiro lugar, pequenos países fracos e indefesos. Estes eram os primeiros a sucumbir. Assim como na luta entre os fabricantes e os pequenos artesãos, estes últimos eram os primeiros a arruinar-se, assim também os grandes *trusts* de Estado, os grandes capitalistas, os bandidos organizados, destruíam primeiro os pequenos Estados e os submetiam. Assim se operava a centralização do capital na economia mundial: os pequenos Estados desapareciam, os grandes Estados saqueadores enriqueciam, ganhavam em extensão e em poder.

Mais uma vez, tendo sido saqueado todo o universo, ia continuar a luta entre eles: a luta de morte por uma nova partilha do mundo tornava-se fatal entre os Estados salteadores.

A política de conquista que o capital financeiro trava pelos mercados, pelas matérias-primas, pela colocação de capitais, chama-se imperialismo. Este deriva do capital financeiro. Assim como um tigre não pode alimentar-se de erva, também o capital financeiro só pode ter uma política de açambarcamento de pilhagem, de violência, de guerra. Cada um dos *trusts* de Estados financeiros-capitalistas quer verdadeiramente conquistar o mundo inteiro, fundar um império universal em que deverá reinar, sem partilha, o punhado de capitalistas da nação vitoriosa. O imperialismo inglês, por exemplo, sonha com uma Grã-Bretanha que domine todo o universo, em que os potentados dos sindicatos ingleses tenham, sob o seu chicote, os negros e os russos, os alemães e os chineses, os indianos e os armênios, em suma, centenas de milhões de escravos negros, amarelos, brancos e vermelhos. Esse sonho não está longe de realizar-se. Comendo é que vem o apetite. Assim também os imperialistas russos sonhavam com uma Grande Rússia, imperialistas alemães com uma Grande Alemanha.

Era claro que o domínio do capital financeiro precipitaria fatalmente toda a humanidade no abismo sangrento de guerras feitas em benefício dos banqueiros e dos sindicatos industriais, guerras tendo por fim não a defesa nacional, mas a pilhagem de terras estrangeiras, a submissão do mundo ao capital financeiro do país vitorioso. Assim foi a Guerra Mundial de 1914-1918.

28. O MILITARISMO

A dominação do capital financeiro, dos banqueiros e dos sindicatos manifesta-se, ainda, por outro fenômeno notável: o crescimento inaudito das despesas com o armamento dos exércitos, das frotas marítimas e aéreas. E é muito natural. Nos tempos passados, nenhum desses bandidos teria pensado, mesmo em sonhos, em um semelhante domínio universal. Agora, porém, os imperialistas esperam realizar seu sonho. Para este combate supremo, as grandes potências reúnem suas forças. Enquanto roubam o bem alheio, as bestas-feras se entreolham mutuamente, com medo de que umas finquem os dentes nas outras. Cada grande potência foi, pois, obrigada a organizar um exército não só contra suas colônias e contra seus próprios operários, como também contra os seus concorrentes em pirataria. Toda vez que uma potência inaugurava um novo sistema de armamento, uma outra procurava ultrapassá-la para não ficar em condições inferiores. Assim começou a competição louca dos armamentos: uma potência arrastava outras. Vimos, há pouco, as empresas gigantescas e os *trusts* dos reis do canhão: os Putilov, os Krupp, os Armstrong, os Wichers. Esses *trusts* dos reis do canhão embolsam lucros enormes, estabelecem relações com os estados-maiores e, por todos os meios, deitam também óleo ao fogo, aguçando cada conflito; da guerra depende a prosperidade de seus negócios.

Tal era o aspecto insensato da sociedade capitalista antes da guerra. Os *trusts* nacionais ouriçavam-se com milhões de baionetas; na terra, no mar, nos ares, tudo estava pronto para uma luta universal; entre as despesas do Estado, o orçamento da guerra, por exemplo, em 1875, as despesas militares chegavam a 38,6%, isto é, um pouco mais do terço, e, em 1907-1908, a 48,6%, isto é, quase a metade. Assim também nos outros países; nos Estados Unidos, em 1908, representavam 56,9%, isto é, mais da metade. E também nos outros Estados. O militarismo "prussiano" florescia em todos os grandes *Estados--Trusts*. Os reis do canhão enriqueciam-se. E o mundo inteiro corria com uma rapidez vertiginosa para a mais sangrenta das guerras, para a matança imperialista mundial.

Particularmente curiosa foi a rivalidade entre as burguesias inglesa e alemã. Em 1912, a Inglaterra decidiu construir três *encouraçados dread-noughts* toda vez que a Alemanha construísse dois. Em 1913, a Alemanha devia ter, no mar do Norte, 17 *dread-noughts*, a Inglaterra, 21; em 1916, a Alemanha, 26, a Inglaterra, 36, e assim consecutivamente.

As despesas com o exército e a marinha aumentaram da seguinte forma, em milhões de francos:

	1888	1908
Rússia	546	1.222
França	780	1.079
Alemanha	468	1.053
Áustria-Hungria	260	520
Itália	195	312
Inglaterra	390	728
Japão	18	234
Estados Unidos	260	520

Num espaço de vinte anos, as despesas haviam dobrado; no Japão, eram treze vezes maiores. Imediatamente antes da guerra, a febre dos armamentos tornara-se insensata, a França gastava com suas necessidades militares: em 1910, 1,305 bilhão de francos; em 1914, 1,924 milhão; a Alemanha, em 1905, 1,242 bilhão de francos; em 1914, 2,451 bilhões, isto é, o dobro. A Inglaterra armava-se de modo ainda mais formidável. Em 1900, gastava 1,298 bilhão de francos; em 1910, 1,804 bilhão, e em 1914, 2,090 bilhões; em 1913, a Inglaterra gastava, só com sua esquadra, mais do que todas as potências reunidas haviam gasto com as suas em 1886. Quanto à Rússia czarista, esta havia gastado com suas necessidades militares: em 1892, 762 milhões de francos; em 1902, 1,904 bilhão; em 1906, 1,376 bilhão; em 1914, seu orçamento da guerra atingia 2,535 bilhões de francos.

As despesas de armamentos devoravam uma parte enorme das receitas orçamentárias. A Rússia, por exemplo, consagrava-lhes quase um *terço* de suas despesas totais, e mais ainda tomando em conta os juros de seus empréstimos.

Para cada 100 rublos, na Rússia czarista, eram gastos:

Com o exército, a marinha, o juro dos empréstimos	40 rublos e 14 copeques
Com a instrução pública (13 vezes menos)	3 rublos e 86 copeques
Com a agricultura (10 vezes menos)	4 rublos e 6 copeques
Com a indústria, as finanças etc.	51 rublos e 94 copeques
Total	100 rublos

Assim também em outros países. Tomemos a "democrática Inglaterra". Em 1904, sobre 100 libras esterlinas, despendia:

Com o exército e a marinha	53 libras e 80 pence[1]
Com a amortização das dívidas de Estado e o juro dos empréstimos	22 libras e 50 pence
Com a administração civil	23 libras e 70 pence
Total	100 libras

29. A GUERRA IMPERIALISTA DE 1914-1918

A política imperialista das "grandes potências" devia, mais cedo ou mais tarde, produzir um choque. É inteiramente claro que essa política de rapina de todas as grandes potências causou a guerra. Só os imbecis podem acreditar, atualmente, que a guerra explodiu porque os sérvios mataram um príncipe austríaco e porque a Alemanha invadiu a Bélgica.

No princípio da guerra, discutia-se muito para saber quem era responsável por ela. Os capitalistas alemães supunham que a Rússia havia atacado a Alemanha, e os comerciantes russos, que a Alemanha havia atacado a Rússia. Na Inglaterra, dizia-se que a guerra era feita para defender a pequena Bélgica infeliz. Na França, pela pena, pelo canto, pela palavra, celebrava-se a generosidade da França defendendo o heroico povo belga. E, ao mesmo tempo, a Áustria e a Alemanha trombeteavam aos quatro ventos que se defendiam dos cossacos russos e faziam uma guerra santa de defesa nacional.

Tudo isso, do começo ao fim, não passava de tolices destinadas a enganar as massas *operárias*. A burguesia precisava dessas mentiras para arrastar os soldados. Não era a primeira vez que ela lançava mão desse meio. Já vimos como os sindicatos industriais introduziram direitos alfandegários para travar, com mais sucesso, a luta pelos mercados estrangeiros, saqueando os seus próprios compatriotas. Esses direitos eram, pois, para eles, um meio de *agressão*. Mas a burguesia bradava que queria, dessa forma, *defender* a "indústria nacional". Na guerra imperialista, feita para submeter o mundo ao domínio do capital financeiro, todos os participantes são essencialmente agressores. Atualmente, não é tão claro isso? Os lacaios do czar diziam que "se defendiam". Porém, quando a Revolução de Outubro arrombou os armários secretos do ministério, ficou patente, por meio de documentos oficiais, que o czar, assim como Kerensky, em comovedor acordo com os ingleses e os franceses, havia feito uma guerra de banditismo, com o objetivo de se apoderar de Constantinopla, que não lhe pertencia, saquear a Turquia e a Pérsia, arrebatar a Galícia à Áustria.

Os *imperialistas alemães* também se desmascararam. Basta recordar o tratado de Brest-Litovsk,[53] as filiações da Bélgica, da Lituânia, da Ucrânia, da Finlândia. A Revolução Alemã fez, igualmente, mais de uma descoberta; sabemos agora, por documento autêntico, que a Alemanha se preparara para a agressão

---

53. Tratado de paz firmado, em 1918, entre os bolcheviques e os impérios centrais, em condições humilhantes para a Rússia. Na discussão que o precedeu, dividiram-se os bolcheviques em três correntes: a dos que preconizavam a continuação da guerra sob a denominação de "guerra revolucionária", liderada por Bukharin e Radek; a de Trotsky, cuja fórmula "Nem paz nem guerra" significava que as hostilidades deviam ser suspensas, mas sem a assinatura de qualquer tratado, na expectativa de que os alemães não iniciassem a ofensiva; e, finalmente, a opinião isolada de Lenin, que se manifestava pela assinatura de um tratado de paz imediata, sob quaisquer condições. A fórmula de Trotsky conciliou por um momento as duas correntes extremas e preparou, por um voto (o do próprio Trotsky), a vitória do ponto de vista de Lenin. Os alemães iniciaram a ofensiva e o tratado teve de ser assinado. Foi um compromisso absolutamente *indispensável* – mostra Lenin na *Moléstia infantil do comunismo*. E, mais adiante, ilustrando o seu pensamento: "Imaginai que o vosso automóvel seja parado por bandidos armados. Vós dais o vosso dinheiro, o revólver, o automóvel. Ficais livres da agradável companhia dos bandidos. O compromisso existe, sem dúvida. *Do ut des*. (Eu te 'dou' o dinheiro, as armas, o automóvel, para que me 'dês' a possibilidade de escapar-me facilmente). É bem difícil encontrar alguém, a não ser um louco, que considere tal compromisso como inadmissível por motivos de princípio, e a pessoa que o conclui como cúmplice dos bandidos (mesmo quando os bandidos, de posse do automóvel e das armas, possam utilizá-los para novos assaltos). O nosso compromisso com os bandidos do imperialismo alemão não difere dessa forma de compromisso". (N.T.)

visando ao saque e sonhando apropriar-se de quase todas as colônias estrangeiras e de muitos territórios inimigos.

E os "nobres aliados"? Inteiramente desmascarados também. Depois de os ver, com a paz de Versalhes, saquear a Alemanha, impor-lhe 132 bilhões de marcos-ouro de "reparações", arrebatar-lhe toda a esquadra, todas as colônias, quase todas as locomotivas e as vacas leiteiras, ninguém acreditará mais na sua generosidade. Agora, saqueariam a Rússia de norte a sul. Também eles, por conseguinte, fizeram a guerra *visando ao saque*.

Os comunistas (bolcheviques) disseram tudo isso, desde o início da guerra, mas bem poucos lhes deram crédito. Agora, qualquer homem medianamente inteligente sabe que eles falavam a verdade. O capital financeiro é um bandido rapace e sanguinário, seja qual for sua origem: russo, alemão, francês, japonês ou americano.

É, pois, ridículo dizer, no caso de uma guerra imperialista, que um imperialista é culpado e outro não; ou que certos imperialistas são os agressores, enquanto outros se defendem. Tudo isso foi inventado para iludir os trabalhadores. Na realidade, todos se atiram primeiro aos pequenos povos coloniais; todos tiveram o desígnio de se entregar ao saque do mundo inteiro e submetê-lo ao capital financeiro de seu próprio país.

A guerra tinha de transformar-se, fatalmente, numa guerra *mundial*. Estando o globo inteiro, então, dividido em pedaços e partilhado entre as "grandes potências", e estando todas as potências unidas entre si por uma economia mundial comum, era inevitável que a guerra envolvesse quase todos os continentes.

A Inglaterra, a França, a Itália, a Bélgica, a Rússia, a Alemanha, a Áustria-Hungria, a Sérvia, a Bulgária, a Romênia, Montenegro, o Japão, os Estados Unidos, a China e dezenas de outros pequenos Estados foram arrastados no torvelhinho sangrento. A população do globo eleva-se a cerca de um bilhão e meio de homens. Todos sofreram, direta ou indiretamente, com esta guerra imposta por um punhado de capitalistas criminosos. O mundo nunca vira exércitos tão imensos, engenhos de morte tão monstruosos. Nunca o mundo vira, também, semelhante poder do capital. A Inglaterra e a França obrigaram a defender seus cofres fortes não só os ingleses e franceses, como também milhares de seus escravos coloniais negros ou amarelos. Os bandidos "civilizados" não recearam empregar para os seus desígnios até os canibais. E tudo isso mascarado com as mais nobres fórmulas.

A guerra de 1914 teve seus precedentes nas guerras coloniais. Tais foram: a campanha das potências "civilizadas" contra a China; a guerra hispano-americana; a guerra russo-japonesa de 1904 (pela Coreia, Porto Artur, Manchúria etc.); a guerra ítalo-turca em 1912 (pela colônia africana de Trípoli); a guerra anglo-boer, na qual, no começo do século xx, a Inglaterra "democrática" estrangulou as duas repúblicas *boers*. Mais de uma vez, essas competições quase que atiçam um imenso incêndio. A partilha dos territórios africanos ameaçou provocar uma guerra entre a Inglaterra e a França (por Fachada); depois, entre a Alemanha e a França (por Marrocos). A Rússia czarista por pouco não declarou guerra à Inglaterra pela partilha da Ásia Central.

Já nas vésperas da Guerra Mundial, os antagonismos de interesses salientaram-se fortemente entre a Inglaterra e a Alemanha, pela predominância na África, na Ásia Menor e nos Balcãs. E as circunstâncias fizeram, então, com que a Inglaterra marchasse com a França, que desejava arrebatar da Alemanha Alsácia-Lorena, e com a Rússia, que desejava fazer os seus negociozinhos nos Balcãs e na Galícia. O imperialismo alemão, rapace, tinha como aliado principal a Áustria-Hungria. O imperialismo americano só se ocupou com isso mais tarde, porque aguardava o enfraquecimento recíproco dos Estados europeus.

Além do militarismo, a arma mais empregada pelas potências imperialistas é a *diplomacia secreta* com seus tratados secretos, conspirações e até assassínios, bombas etc. Existiam tratados secretos, de um lado, entre a Inglaterra, a França e a Rússia e, de outro, entre a Alemanha, a Áustria-Hungria, a Turquia e a Bulgária. O assassinato do arquiduque austríaco, em 1914, deu-se com o consentimento dos agentes secretos dos aliados. Porém a própria diplomacia alemã não via nisso inconvenientes; o imperialista alemão Rohrbach escreveria: "Devemos considerar uma felicidade que, com o assassinato do arquiduque Francisco Fernando, tenha explodido, antes do prazo prefixado, a grande conspiração contra a Alemanha. Dois anos mais tarde, a guerra para nós teria sido muito mais dura.". Os provocadores alemães estariam prontos para sacrificar um de seus príncipes a fim de desencadear a guerra.

30. O CAPITALISMO DE ESTADO E AS CLASSES
A guerra imperialista não se distingue somente por suas proporções gigantescas e por sua ação devastadora, mas também pelo fato de que *toda a economia do país em guerra fica subordinada aos interesses militares*. Outrora, bastava o dinheiro à burguesia para fazer a guerra. Mas a guerra mundial tomou tal am-

plitude e os países por ela englobados tinham tal extensão, que o dinheiro só não foi suficiente às suas necessidades. As fábricas de aço tiveram que fundir exclusivamente canhões cada vez mais monstruosos; a guerra absorveu todo o carvão extraído das minas, todos os metais, os tecidos, o couro etc. Está entendido que entre os *trusts* capitalistas nacionais, aquele cuja produção e meios de transporte mais bem correspondiam às necessidades da guerra é que podia esperar a vitória. Como se fez essa adaptação? Pela *centralização de toda a produção*.

Era preciso que a produção caminhasse sem tropeços, que estivesse bem organizada, submetida às instruções diretas do estado-maior geral, a fim de que as ordens desses senhores agaloados e de quepes "estrelados" fossem pontualmente executadas.

Para isso, a burguesia nada mais fez do que colocar a produção privada e os diferentes sindicatos e *trusts* à disposição de seu *Estado de rapina burguês*. Assim se fez. A indústria foi "mobilizada" e "militarizada", isto é, colocada à disposição do Estado e das autoridades militares. "Mas, objetar-se-á, a burguesia perdeu seus lucros? Por que aceitou ela a nacionalização? Desde que tudo foi entregue ao Estado, qual foi o lucro da burguesia e como aceitou ela semelhante transação?" E, no entanto, a burguesia aceitou-a e não há nisso nada de espantoso. Os sindicatos particulares tudo entregaram, não ao Estado operário, mas ao *seu próprio Estado* imperialista. E o que havia nisso de tão horripilante para a burguesia? Ela nada mais fazia do que passar suas riquezas de um bolso para outro sem perder um centavo.

É preciso que nos recordemos constantemente do caráter de classe do Estado. O Estado não é, de forma alguma, uma espécie de terceiro poder colocado acima das classes; é, de alto a baixo, uma organização de classe. Sob a ditadura dos operários, o Estado é uma organização de operários. Sob o domínio da burguesia, o Estado é uma organização de proprietários de empresas, exatamente como um *trust* ou um sindicato.

Consequentemente, quando a burguesia colocou seus sindicatos privados nas mãos de *seu* Estado (não um Estado proletário, mas *seu próprio* Estado capitalista de rapina), ela nada perdeu com isso. Que o fabricante Antônio ou Pedro receba seu lucro na caixa de um sindicato ou na do banco do Estado não é a mesma coisa? Não só a burguesia nada perdeu com isso, como, pelo contrário, ganhou. Graças a essa centralização, com efeito, a máquina militar andou melhor e assim cresceram as probabilidades de vitória nessa guerra de banditismo.

Assim foi que, durante a guerra, em quase todos os países capitalistas, um capitalismo de Estado tomou o lugar dos sindicatos particulares. A Alemanha, por exemplo, só pôde alcançar suas vitórias e resistir por tanto tempo ao assalto das forças inimigas, superiores em número, porque a burguesia alemã coligou-se, admiravelmente, na organização desse capitalismo de Estado.

A passagem do capitalismo de Estado operou-se por diversas formas. Quase sempre, *monopólios de Estado* foram criados na indústria e no comércio, isto é, a indústria e o comércio passaram, em sua totalidade, para as mãos do Estado burguês. Essa passagem não se efetuava sempre de uma só vez, mas pouco a pouco, como se dava quando o Estado comprava só uma parte das ações de um sindicato ou de um *trust*.

Então, essa empresa pertencia metade ao Estado, metade a particulares, e o Estado burguês a fiscalizava. Mais ainda: mesmo nas empresas que ficavam nas mãos dos particulares, ele impunha, quase sempre, uma regulamentação rigorosa: assim, certas empresas eram obrigadas, por uma lei especial, a comprar produtos de outras empresas que, por sua vez, só deviam vender em quantidades determinadas e a um preço fixo; o Estado tornava, também, obrigatórios determinados métodos de trabalho, determinados materiais, impunha a caderneta de compra para todos os produtos importados. Assim, em lugar do capitalismo privado, desenvolveu-se o capitalismo de *Estado*.

O capitalismo de Estado substituiu as organizações particulares da burguesia pela sua organização única, seu Estado. Até a guerra, existia em cada país capitalista a organização do Estado burguês, e, fora dela, sindicatos, *trusts*, consórcios de proprietários agrícolas, partidos políticos, associações de jornalistas, de sábios, de artistas burgueses, associações de culto, congregações, sociedades de guardas brancos, escritórios de polícia particular etc. Sob o domínio do capitalismo de Estado, todas essas organizações particulares se fundem no Estado burguês, tornam-se suas filiais, executam seus planos, submetem-se a um "comando supremo". Nas minas e nas usinas, executam-se as ordens do estado--maior geral; os jornais só publicam o que convém ao grande estado-maior; prega-se nas igrejas como convém a esses bandidos de galão; desenhistas, poetas, cantores submetem-se à sua censura; inventam-se as máquinas, os canhões, as munições, os gases de que o estado-maior tem necessidade. Dessa forma toda a vida é "militarizada" *para assegurar à burguesia seus lucros empapados de lama e de sangue.*

O capitalismo de Estado significa um reforçamento formidável da alta burguesia. Assim como, sob a ditadura do proletariado, a classe operária é tanto mais forte quanto mais estreita a colaboração no trabalho dos Sovietes, dos sindicatos, do Partido Comunista etc., assim também, sob a ditadura da burguesia, esta última é tanto mais forte quanto ligadas umas às outras por laços mais sólidos estão todas as organizações burguesas. Centralizando-se e fazendo delas as engrenagens de uma só e única máquina, o capitalismo de Estado favorece o poder formidável do capital. A ditadura da burguesia celebra verdadeiramente, com isso, o seu triunfo.

O capitalismo de Estado surgiu, durante a guerra, em todos os grandes países capitalistas e mesmo na Rússia czarista (comitês de indústria de guerra, monopólios etc.). Mas, em seguida, a burguesia russa, aterrorizada com a Revolução, temeu que a produção, com o poder do Estado, passasse às mãos do proletariado. Eis a razão por que, depois da Revolução de Fevereiro, ela se opôs à organização da produção. Vimos que o capitalismo de Estado não suprime, de modo algum, a exploração, mas aumenta prodigiosamente o poder da burguesia. Não obstante isso, os partidários de Scheidemann, na Alemanha, e outros socialistas da união sagrada proclamaram que essa coerção no trabalho era socialismo; que, uma vez que tudo estivesse de posse do Estado, o socialismo se realizaria. Eles não viam que não se trata de um Estado proletário, mas de uma concentração do poder governamental nas mãos dos inimigos mais encarniçados e dos assassinos do proletariado.

Unindo e organizando a burguesia, e aumentando assim o seu poder, o capitalismo de Estado enfraquece a classe operária. Sob o seu domínio, os operários tornam-se escravos brancos de um Estado de rapina. Foram privados do direito de fazer greve, foram mobilizados; todos os que se declaravam contra a guerra eram logo condenados por crime de traição; em muitos países, foi-lhes retirada a liberdade de circular, o direito de passar de uma empresa para outra etc. O "livre" operário assalariado tornara-se um servo condenado – ou a morrer nos campos de batalha pela causa de seus inimigos, ou a trabalhar até o esgotamento não para si mesmo, para seus camaradas ou para seus filhos, mas no interesse de seus opressores.

31. A FALÊNCIA DO CAPITALISMO E A CLASSE OPERÁRIA

Assim, a guerra favoreceu, a princípio, a centralização e a organização da economia capitalista. A obra que os sindicatos, bancos, *trusts*, empresas combinadas não tinham podido terminar, o capitalismo de Estado esforçou-se em realizá-la. Criou toda uma rede de órgãos, regularizando a produção e a distribuição e preparando, dessa forma, o terreno para que o proletariado pudesse empreender a grande produção centralizada.

Entretanto a guerra, cujo peso desabava sobre a classe operária, ia desencadear, inevitavelmente, a sublevação das massas proletárias. A guerra foi, antes de tudo, uma matança como ainda não se vira na história. A produção dos cadáveres adquiria um desenvolvimento gigantesco. O proletariado era *voltado ao extermínio nos campos de batalha*. De acordo com alguns cálculos, o número de mortos, feridos e desaparecidos, só até março de 1917, atingia *25 milhões de homens*; o número de mortos em 1º de janeiro de 1918 era de cerca de 8 milhões. Calculando o peso médio de um homem em 60 quilos, pode-se dizer que os capitalistas produziram, de agosto de 1914 a janeiro de 1918, 480 milhões de quilos de carne humana em putrefação. Para avaliar exatamente as perdas, será preciso acrescentar ainda milhões de doentes. Só a sífilis, que tomou durante a guerra uma extensão inaudita, infeccionou quase todo o gênero humano. Os homens, depois da guerra, haviam perdido dois terços de suas forças; os elementos mais sadios, mais capazes de trabalhar, a *flor das nações*, foram exterminados. E foram, evidentemente, os operários e os camponeses que mais sofreram.

Nos grandes centros dos Estados beligerantes, criaram-se mesmo pequenas aglomerações de soldados particularmente desfigurados e mutilados; o rosto coberto com uma máscara, reduzido à caixa craniana; vegetam esses infelizes frangalhos, testemunhos vivos da "civilização" burguesa.

Contudo o proletariado não foi somente imolado em selvagens combates. Encargos incríveis pesam nos ombros dos sobreviventes. A guerra exigiu despesas loucas. E, enquanto os fabricantes e os usineiros percebiam "lucros" fabulosos, lançavam-se sobre os operários impostos enormes para pagar as despesas formidáveis da guerra. Em 1919, na Conferência da Paz, o ministro das Finanças da França declarou que a guerra havia custado às nações beligerantes 1 trilhão de francos. Poucas pessoas sabem o que significam semelhantes números desse gênero que se calculava a distância de uma estrela e outra. E, hoje, calculam-se com eles as despesas da matança celerada. Um trilhão são mil milhões de milhões. Segundo outros cálculos, as despesas da guerra foram as seguintes:

	Em milhões de francos
Primeiro ano	236,0
Segundo ano	254,9
Terceiro ano	532,2
Primeira metade do quarto ano até 31 de dezembro de 1917	399,1
Total	1.522,2

Evidentemente, as despesas aumentaram depois de 1917. Semelhantes despesas, para serem cobertas, exigiam receitas loucas. E, muito naturalmente, os Estados capitalistas puseram-se a aumentar mais os impostos da classe operária: quer sob a forma de impostos diretos, quer – para fazer a burguesia pagar também alguma coisa – pela alta patriótica dos preços. A carestia da vida acentuou-se. E os fabricantes – aqueles, sobretudo, que trabalhavam para a guerra – embolsaram lucros inauditos.

Os fabricantes *russos elevaram* seus dividendos a mais do dobro, certas empresas distribuíram-nos fabulosos. Eis alguns números. A Sociedade da Nafta, dos irmãos Mirsoiev, pagou 40% dos dividendos; a sociedade por ações dos irmãos Danichevsky, 30%; a manufatura de tabacos de Kalfa, 30% etc. Na Alemanha, o lucro líquido das empresas, que, de 1913 a 1914, para quatro ramos (química, explosivos, metalurgia, automóveis), era de 133 milhões, passou, em 1915-1916, a 299 milhões, isto é, dobrou num só ano. Nos Estados Unidos, os lucros do *trust* do aço triplicaram de 1915 a 1916. De 1915 a 1917, subiram de 98 milhões a 478 milhões de dólares! Os dividendos de 200% não eram raros. Igualmente formidável foi o aumento dos lucros dos bancos. Os grandes tubarões enriqueceram de modo incrível, os pequenos burgueses ficaram arruinados e o proletariado ficou sob o jugo dos impostos e da vida cara.

Durante a guerra, fabricaram-se, sobretudo, *shrapnels*, granadas, dinamite, canhões, carros blindados, aeroplanos, gases asfixiantes, pólvora etc. Nos Estados Unidos surgiram cidades inteiras construídas às pressas em redor de fábricas de pólvora, tão de afogadilho construídas, que quase sempre voavam pelos ares, tal era a pressa de fabricar pólvora e ganhar dinheiro. Os fabricantes de canhões e de obuses obtiveram lucros formidáveis. Mas a situação do povo, por isso mesmo, só se tornava pior. Os verdadeiros produtos, os que servem para a alimentação, para o vestuário etc., fabricavam-se cada vez menos. A pólvora e as balas podem servir para atirar e destruir, mas não para alimentar e vestir. E todas as forças econômicas estavam absorvidas pela fabricação da pólvora e dos instrumentos de destruição. A produção normal e útil cada vez mais desaparecia. A mão de obra passava para o exército, e toda a indústria trabalhava para a guerra. As mercadorias úteis tornavam-se cada vez mais raras, acarretando a fome. Falta de pão, falta de carvão, falta de todos os objetos úteis e, além disso, *penúria mundial e esgotamento geral da humanidade,* tais são as consequências da criminosa matança imperialista.

Na França, a produção agrícola, nos primeiros anos da guerra, diminuiu da seguinte forma, em quintais:

	1914	1916
Trigo	42.272.500	15.300.000
Plantas de raiz	46.539.000	15.260.000
Plantas industriais	59.429.000	20.448.000
Legumes	— x —	374.500

Na Inglaterra, os estoques de minérios eram avaliados:

No fim de 1912, em	241 mil toneladas
No fim de 1913, em	138 mil toneladas
No fim de 1914, em	108 mil toneladas
No fim de 1915, em	113 mil toneladas
No fim de 1916, em	3 mil toneladas
No fim de 1917, em	600 toneladas

Na Alemanha, a produção de metal fundido, que era, em 1913, de 19,3 milhões de toneladas, foi reduzida, em 1916, para 13,3 milhões; em 1917, para 13,1 milhões; em 1918, para 12 milhões; e em 1919, diminuiu mais.

A falta de carvão colocou toda a indústria mundial na situação mais desesperadora. Na Europa, o fornecedor de carvão era a Inglaterra. Porém, na Inglaterra, desde 1915, a produção havia diminuído 13%; em 1917, as indústrias essenciais quase não tinham mais carvão; as usinas eletrotécnicas só recebiam a sexta parte do carvão necessário; as empresas têxteis, onze vezes menos do que antes da guerra. Na ocasião da Conferência da Paz, em Versalhes, quase todos os países sofriam uma terrível crise carbonífera; as fábricas fechavam por falta de combustível, a circulação nas estradas de ferro era reduzida, o que desorganizou toda a indústria de transportes.

Na Rússia, a situação era a mesma. Já em 1917, graças à guerra, a extração do carvão fazia-se muito mal. À região de Moscou, tendo necessidade de 12 milhões de *puds*[54] por mês, o governo Kerensky prometeu 6 milhões (a metade).

Todavia, na realidade, somente forneceu: em janeiro de 1917, 1,88 milhão de *puds*; em fevereiro, 1,3 milhão; em março, 800 mil. A indústria russa, evidentemente, rolava para a morte. Na Rússia, como no mundo inteiro, começava a *desagregação do capitalismo*.

Em 1917 (no tempo de Kerensky), eis o número das fábricas que fecharam:

	Empresas	Operários
Março	74	6.646
Abril	55	2.816
Maio	108	8.701
Junho	125	38.455
Julho	206	47.754

A decadência precipitava-se.

Para se ter uma ideia do encarecimento da vida, provocado pela insuficiência de mercadorias e pela abundância de papel-moeda, é bastante observar o país que, com a América, sofreu menos com a guerra, a Inglaterra.

Eis os gastos médios com os cinco principais gêneros alimentícios:

	chá, açúcar	pão, carne, manteiga
Em 1901-1905	500	300
Fim de julho de 1914	579	350
Fim de janeiro de 1915	786	413
1916	946,5	465
1917	1.310	561
1918	1.221,5	681
Fim de maio de 1918	1.247	777,5

---

54. Um *pud* equivale a cerca de 16 quilos. (N.T.)

Durante a guerra, os preços, mesmo na Inglaterra, ultrapassaram o dobro, enquanto os salários só aumentaram 18%. Os preços aumentaram, pois, *seis vezes mais que os salários*. A situação piorou sobretudo na Rússia, onde a guerra, devastando o país, fez dele, por obra e graça dos senhores capitalistas, um pobre mendigo em farrapos.

Mesmo na América, o país que menos sofreu com a guerra, o preço dos 16 produtos mais importantes aumentou, de 1913 a 1918 inclusive, 160%, e os salários, 80% somente.

A falta de carvão, de aço, de todo o necessário, acabou por transtornar a própria produção de guerra. Todos os países, excetuada a América, empobreciam-se continuamente. A fome, a destruição, o frio marchavam triunfalmente sobre a terra. E todos esses males feriam, sobretudo, a classe operária. Esta bem que tentou protestar, mas a guerra lhe opunha todo o poder capitalista do Estado de rapina. A classe operária, em todos os países, tanto monárquicos como republicanos, sofreu perseguições inauditas. Os operários não foram apenas privados do direito de greve, mas a menor tentativa de protesto foi implacavelmente reprimida. A dominação do capitalismo conduziu, assim, à *guerra civil entre as classes*.

As perseguições aos operários durante a guerra são muito bem expostas na resolução da Internacional Comunista relativa ao terror branco: – Desde o começo da guerra – diz-se nela – as classes dirigentes que fizeram matar e mutilar, nos campos de combate, mais de 10 milhões de homens, implantaram, no interior de seus países, o regime da ditadura sangrenta da burguesia. O governo czarista russo fuzilou e enforcou os operários e organizou *pogroms*[55] judeus. A monarquia austríaca afogou em sangue a sublevação dos camponeses e dos operários ucranianos e tchecos. A burguesia inglesa executou os melhores representantes do povo irlandês. O imperialismo alemão cevou-se no interior do país, e os marinheiros revolucionários foram as primeiras vítimas dessa besta-fera. Na França, foram fuzilados os soldados russos que não queriam defender os interesses dos burgueses franceses. Na América, a burguesia linchou os internacionalistas, condenou os melhores elementos do proletariado a vinte anos de trabalhos forçados e fuzilou os operários em greve.

O regime capitalista estalava por todos os lados. *A anarquia da produção* havia conduzido à guerra, e esta tinha provocado uma exasperação sem exemplo dos antagonismos entre as classes: assim, a guerra ia desembocar na *Revolução*.

---

55. Ataques violentos maciços a pessoas, com a destruição simultânea do seu ambiente. (N.E.)

O capitalismo começou a desagregar-se em duas direções principais.[56] Tinha início a *falência do capitalismo*.
Examinemos mais de perto essa falência.

A sociedade capitalista estava inteiramente fundida num só molde: a usina era organizada exatamente do mesmo modo que um ministério ou um regimento; no alto, os ricos, que dirigem; embaixo, os pobres, os operários e os empregados, que obedecem; no intervalo, os engenheiros, os suboficiais, os empregados superiores. Vê-se que a sociedade capitalista só pode durar enquanto o soldado operário obedecer ao proprietário, general ou oficial saído da nobreza ou da burguesia, e enquanto o operário da fábrica executar a ordem do senhor diretor, regiamente pago, ou do fabricante, sugador da mais-valia operária. No entanto, assim que as massas trabalhadoras recusam ser simples joguetes nas mãos de seus inimigos, os fios que ligam o soldado ao general, o operário ao fabricante, começam a romper-se. Os operários deixam de obedecer aos patrões, os soldados aos oficiais, os empregados aos chefes. Dá-se a decadência da antiga disciplina, em que os ricos dominavam os pobres e em que a burguesia maltratava o proletariado. Este período durará, inevitavelmente, até que a nova classe, o proletariado, subjugue a burguesia, obrigando-a a servir aos trabalhadores, e organize a disciplina *nova*.

Esse período de confusão em que, destruída a velha ordem, ainda não foi criada a ordem nova, só pode acabar pela vitória completa do proletariado na *guerra civil*.

32. A GUERRA CIVIL

A guerra civil é uma luta de classes exasperada, que se transforma em revolução.[57] A guerra imperialista mundial entre diferentes grupos da burguesia, por uma nova partilha do mundo, foi levada a cabo com o auxílio dos escravos do capital. Mas impôs aos operários tamanhos encargos, que a luta das classes começou a transformar-se *numa guerra civil dos oprimidos contra seus opressores*, guerra que Marx já considerava como a única justa.

É perfeitamente natural que o capitalismo tenha acarretado a guerra e que a guerra imperialista entre Estados burgueses tenha sido seguida da guerra civil. Nosso partido predissera isso, desde 1914, quando ninguém pensava na Revolução. Era claro,

---

56. Ver o *item 13: Contradições principais do regime capitalista*.
57. "A guerra civil é a forma mais aguda da luta de classe, cujos conflitos e batalhas econômicas e políticas, repetindo-se, ampliando-se e agravando-se, se transformam em luta armada de duas classes." (Lenin, *No caminho da insurreição*). (N.T.)

no entanto, que o proletariado, oprimido pelos encargos enormes da guerra, acabaria por levantar-se e que a burguesia não poderia realizar uma paz duradoura, graças aos antagonismos insuperáveis entre os grupos nacionais de piratas capitalistas. Nossa previsão realiza-se integralmente hoje. Aos terríveis anos de carnificina, de bestialidade e de selvageria, sucedeu a guerra civil contra os opressores. Começou com a Revolução Russa, em março e em novembro de 1917; as revoluções finlandesa, húngara, austríaca e alemã deram continuidade à primeira; depois, a revolução começou em outros países... E, ao mesmo tempo, a burguesia mostrou-se incapaz de perpertuar uma paz duradoura. Os aliados venceram a Alemanha em novembro de 1918; só sete meses mais tarde, assinaram eles, em Versalhes, a paz de rapina. Todos sentem que esta não pode durar; depois dela, atacaram-se os iugoslavos e os italianos, os letões e os alemães. E todos os Estados burgueses atacaram a república dos operários russos vitoriosos. Sendo assim, a guerra imperialista termina por meio guerra civil, da qual o proletariado sairá necessariamente vitorioso.

A guerra civil não é produto do capricho de um partido ou do acaso, é uma manifestação da Revolução, tornada inevitável, porque a guerra dos piratas imperialistas devia abrir, definitivamente, os olhos das massas operárias.

Uma revolução sem guerra civil é tão quimérica como uma revolução "pacífica". Os que assim pensam (os mencheviques, por exemplo, que deblateram contra a guerra civil) recuam de Marx para os socialistas antediluvianos, que acreditavam poder convencer os capitalistas. O mesmo é querer, à base de carinhos, convencer o tigre a alimentar-se de ervas e deixar em paz as mansas gazelas. Marx era partidário da guerra civil, isto é, da *luta armada do proletariado contra a burguesia*. Ele escrevia, a propósito da Comuna de Paris, de 1871, que os comunardos[58] não tinham sido bastante resolutos; no manifesto da Primeira Internacional, redigido por Marx, está escrito em tom de censura:

> Os próprios policiais, em vez de ser desarmados e presos, como se devia fazer, encontravam amplamente abertas as portas de Paris para que pudessem, sãos e salvos, retirar-se para Versalhes. Não só os homens da ordem (os contrarrevolucionários) não foram incomodados, como puderam reunir-se e apoderar-se manhosamente de mais de uma posição forte, no próprio centro de Paris... Repugnava ao comitê central continuar a guerra civil que Thiers (o Danikin francês) havia

---

58. Como eram chamados os membros da Comuna. (N.E.)

provocado, por seu ataque noturno contra Montmartre. Ele cometeu, nessa ocasião, a falta principal, decisiva, de não marchar contra Versalhes, então sem defesa, e perdeu, assim, oportunidade de liquidar a conspiração de Thiers e dos seus Rurais. Além disso, o partido da ordem pôde ainda experimentar sua força nas urnas eleitorais, em 26 de março, dia da eleição da Comuna.

Marx pronuncia-se, pois, claramente pelo esmagamento armado dos guardas brancos na guerra civil.

Como se vê, os mestres do socialismo levaram muito a sério a Revolução. Compreendiam que o proletariado não pode convencer a burguesia e deve *impor* sua vontade pela guerra civil, conduzida com o auxílio das baionetas, das carabinas e dos canhões, até a vitória final.

A guerra civil colocou, face a face, armas na mão, as classes da sociedade capitalista cujos interesses são opostos. É fato que a sociedade capitalista está dividida em duas partes, que ela é formada, na realidade, de duas sociedades pelo menos – mas este fato, em tempos normais, ficava invisível. Por quê? Porque os escravos obedeciam, silenciosamente, aos seus senhores. Porém, com a guerra civil, a parte oprimida da sociedade *insurge-se* contra a parte opressora.

Não é preciso dizer que, nessas condições, nenhuma "vida comum", nenhuma "união pacífica" entre as classes é possível; o exército divide-se em guardas brancos saídos da nobreza e da burguesia e intelectuais e soldados vermelhos saídos da classe operária e camponesa; torna-se impossível qualquer Assembleia Constituinte em que tomarão lugar, ao mesmo tempo, fabricantes e operários; como poderiam eles sentar-se "pacificamente" na mesma constituinte quando se fuzilam nas ruas?[59] A guerra civil na Rússia e em outros países (na Alemanha e na

---

59. A luta dos comunistas pela Assembleia Constituinte é uma das formas *legais* de luta pela revolução. Em *Moléstia infantil do comunismo*, Lenin demonstra que os comunistas não só *podem como devem* participar da luta parlamentar. Criticando os comunistas alemães, que assumiram, em 1919, uma atitude ultraesquerdista, sobre a ação parlamentar, ensina Lenin: "Mesmo quando não sejam 'milhões' e 'legiões', mas simplesmente uma minoria bastante importante de operários industriais, que acompanha os padres católicos – e uma minoria importante de trabalhadores dos campos, que acompanha os proprietários de terra e os grandes lavradores (Grossbauern) –, isso demonstra *indubitavelmente* que o parlamentarismo na Alemanha ainda não foi superado, que a participação nas eleições parlamentares e na luta sobre a tribuna parlamentar é obrigatória para o partido do proletariado revolucionário, *precisamente* para educar as camadas atrasadas da *classe* que representa, precisamente para esclarecer (e despertar do sono) as *massas* das povoações retardatárias, oprimidas, ignorantes". (N.T.)

Hungria) confirma isso inteiramente. Hoje, só é possível uma de duas coisas: ou a ditadura do proletariado ou a da burguesia e dos generais. O governo das classes médias e de seus partidos (socialista-revolucionário, menchevique etc.) não passa de uma ponte de ligação. Quando o governo dos Sovietes, na Hungria, foi derrubado com o auxílio dos mencheviques, substituíram-no por uma "coligação" que veio depois da reação. Quando os socialistas-revolucionários constitucionais conseguiram apoderar-se, por algum tempo, da Ufá, na outra margem do Volga, e da Sibéria, foram repelidos, 24 horas depois, pelo almirante Koltchak, apoiado pela alta burguesia e pelos grandes proprietários de terra. E Koltchak colocou a ditadura dos grandes proprietários e dos burgueses no lugar da ditadura dos operários e dos camponeses. A vitória decisiva contra o inimigo e a realização da *ditadura proletária* são o resultado inevitável da guerra civil mundial.

33. AS FORMAS DA GUERRA CIVIL E O SEU CUSTO

A época das guerras civis foi inaugurada pela Revolução Russa, que constituiu, apenas, uma manifestação parcial, o começo da revolução universal. Na Rússia, a revolução explodiu mais cedo do que nos outros países, porque ali teve início antes a desagregação do capitalismo. A burguesia e os proprietários de terras que, cobiçando Constantinopla e a Galícia, tinham preparado, com seus comparsas franceses e alemães, a matança sangrenta de 1914, foram os primeiros a voar pelos ares, em consequência de sua fraqueza e desorganização; na Rússia é que, em primeiro lugar, surgiram a desordem e a fome. Por isso mesmo foi mais fácil ao proletariado russo liquidar seus inimigos, alcançar a vitória em primeiro lugar e efetuar, antes dos outros, sua ditadura.

Não se deve concluir disso, absolutamente, que a Revolução Comunista russa seja a mais perfeita revolução do mundo e que o comunismo possa realizar-se tanto mais cedo num país quanto menos desenvolvido é ali o capitalismo. Se assim fosse, o comunismo deveria ter sido instaurado, primeiro, na China, na Pérsia, na Turquia, países muito pouco capitalistas, onde o proletariado quase não existe. Toda a doutrina de Marx seria falsa.

Raciocinar assim é tomar o *começo* pelo *fim*, o qual só dá à revolução o seu caráter. A revolução na Rússia explodiu mais cedo devido ao fraco desenvolvimento do capitalismo. Porém a fraqueza do capitalismo em países atrasados, como a Rússia, onde predominam os artesãos e os lojistas, onde o proletariado está em minoria etc., torna precisamente mais difícil a passagem para a organização comunista.

Na Inglaterra, a revolução declarar-se-á mais tarde. Mas ali, depois da vitória, o proletariado poderá organizar mais rapidamente o comunismo, porque este forma a imensa maioria e habituou-se ao trabalho em comum. Ali, a produção está incomparavelmente mais centralizada. Na Inglaterra, a revolução começará mais tarde, porém será mais perfeita do que na Rússia.

Muitas pessoas pensam que a *crueldade* da guerra civil é consequência do "asiatismo" russo, de uma cultura atrasada. Os adversários da revolução na Europa ocidental não se cansam de repetir que na Rússia floresce o "socialismo asiático" e que nos países civilizados a revolução se dará sem crueldade. Parolagem estúpida. Num país capitalista, há de ser *maior a resistência* da burguesia; os seus intelectuais (técnicos, engenheiros, oficiais) estão ligados mais fortemente ao capital e serão, por conseguinte, mais hostis ao comunismo. A guerra civil será, pois, inevitavelmente, mais violenta aí do que na Rússia. Na Alemanha, por exemplo, a revolução demonstrou que, nos países de pronunciado desenvolvimento capitalista, a luta reveste formas ainda mais sangrentas.

Os que se queixam do terror dos bolcheviques esquecem que a burguesia, para conservar suas posses, não recua diante de nada. Eis o que, a esse respeito, diz a resolução do Congresso Comunista Internacional:

> Quando a guerra imperialista começou a transformar-se em guerra civil e, diante das classes dirigentes mais criminosas que já viu a história da humanidade, apareceu, muito próximo, o perigo do desmoronar-se a sua dominação sangrenta, tanto mais cruel foi a sua ferocidade.

Os generais russos, essa viva encarnação do regime czarista, organizaram e ainda organizam fuzilamentos em massa de operários, com o apoio direto ou indireto dos social-traidores (socialistas). Durante o domínio, na Rússia, dos socialistas-revolucionários e dos mencheviques, milhares de operários e de camponeses enchiam as prisões; e os generais exterminavam, por insubordinação, regimentos inteiros. Hoje, Krasnov e Denikin, com o concurso benevolente das potências aliadas, trucidam e enforcam operários às dezenas de milhares, fuzilam "um soldado em cada dezena", chegaram mesmo ao ponto de deixar, durante três dias, balançando na forca, os cadáveres dos executados, a fim de aterrorizar os vivos. No Ural e no Volga, as matilhas brancas dos tchecoslovacos cortavam os pés e as mãos dos prisioneiros, afogavam-nos no Volga, enterravam-nos vivos. Na Sibéria, os generais mataram as comunistas aos milhares e exterminaram um número considerável de operários e de camponeses.

Os burgueses alemães e austríacos e os social-traidores deram largas aos seus instintos de canibais quando, na Ucrânia, estrangularam em forcas de ferro transportáveis os operários e os camponeses, que eles exploravam outrora, e os comunistas, seus compatriotas, que são nossos camaradas austríacos e alemães.

Na Finlândia, país de democracia burguesa, ajudaram a burguesia finlandesa a fuzilar 13 mil ou 14 mil proletários e a matar por meio de tortura, nas prisões, mais de 15 mil. Em Helsinque, punham diante de si, como escudos contra as metralhadoras, mulheres e crianças. Graças ao seu concurso, os guardas brancos finlandeses e seus auxiliares suecos conseguiram celebrar sangrentas orgias à custa do proletariado finlandês vencido. Em Tampere, obrigaram as mulheres e as crianças condenadas à morte a cavar sua própria sepultura; em Viborg,[60] exterminaram milhares de russos – homens, mulheres e crianças.

No interior do país, os burgueses e os sociais-democratas alemães atingiram o supremo grau do furor reacionário na repressão sangrenta da insurreição comunista operária, no assassínio feroz de Liebknecht e de Rosa Luxemburgo, no extermínio dos operários espartaquistas.[61] O terror branco em massa e individual é a bandeira sob a qual marcha a burguesia.

O mesmo quadro nos outros países. Na Suíça, democrática, está tudo pronto para o massacre dos operários que ousarem tocar na lei capitalista. Na América, a prisão, o linchamento e a eletrocussão são os mais altos símbolos da democracia e da liberdade. Na Hungria e na Inglaterra, na Checoslováquia e na Polônia, por toda a parte, sempre a mesma coisa. Os assassinos burgueses não recuam diante de atrocidade alguma. Para consolidar seu domínio, desencadeiam o nacionalismo e organizam contra os judeus monstruosos *pogroms*, cuja crueldade deixa muito distante os *pogroms* organizados pela polícia czarista... E quando a canalha reacionária e "socialista" polaca massacrou os representantes da Cruz Vermelha russa, isso foi apenas uma gota de sangue no oceano dos crimes e das atrocidades cometidos diariamente pelo canibalismo burguês acuado.

À medida que a guerra civil se desenvolve, reveste novas formas. Quando o proletariado está oprimido em todos os países, a guerra civil toma a forma de

---

60. Subúrbio de Petrogrado. (N.T.)
61. Partidários da Liga Spartacus, ou Liga Espartaquista, orientados por Liebknecht e Rosa Luxemburgo. Esta liga transformou-se mais tarde no Partido Comunista Alemão. (N.T.)

insurreições contra o poder do Estado da burguesia. Mas eis que, neste ou naquele país, o proletariado venceu e tomou conta do poder político. O que ocorrerá? O proletariado dispõe do poder do Estado, do exército proletário, de todo o aparelho do poder. A burguesia organiza, então, contra ele, conspirações e insurreições. Ele tem de lutar, ao mesmo tempo, como Estado, contra os Estados burgueses. Nesse caso, a guerra civil toma outra forma, a de uma verdadeira guerra de classes, em que o *Estado* proletário luta contra os *Estados* burgueses; aqui, os operários não se revoltam somente contra a burguesia de seu próprio país, mas fazem, como Estado operário, uma guerra, em regra, aos Estados imperialistas. Essa guerra não é feita para saquear o bem alheio, mas em favor do comunismo, em favor da ditadura da classe.

Foi, na realidade, o que ocorreu. Depois da Revolução de Outubro,[62] todos os Estados capitalistas – Alemanha, França, América do Norte, Japão etc. – atiraram-se, de todos os lados, contra o poder dos Sovietes. Quanto mais o exemplo da Revolução Russa agia sobre os operários dos outros países, tanto mais estreitos eram os laços do *capital internacional*, procurando atirar contra o proletariado a coligação dos bandidos capitalistas.

Embora a América do Norte, obedecendo a razões que em nada destroem o juízo a formular sobre a Sociedade das Nações, se tenha afastado dela, foi ela quem a idealizou. A América do Norte enriqueceu-se formidavelmente durante a guerra. Atualmente, é a credora de todos os Estados burgueses da Europa. Provém sua força, além disso, de possuir matérias-primas, combustível e cereais. Pode atrair, assim, todos os outros bandidos. Curioso é notar como os Estados Unidos encobriram com nobres palavras a sua política de banditismo. Entraram na guerra de rapina sob a divisa da "salvação da humanidade", entre outros argumentos. Era favorável, para os Estados Unidos, existir uma Europa despedaçada fracionada em dezenas de Estados, aparentemente "independentes", mas, na realidade, dependentes da América. Dissimularam sua luta pelo interesse particular com a nobre máscara do "direito de livre disposição dos povos". A gendarmaria capitalista, a guarda branca e a polícia, que, de acordo com o plano de Wilson, serviriam para sufocar a revolução onde quer que esta surgisse, eram destinadas – oh! que linda frase! – a castigar a "ruptura da paz". Em 1919, todos os imperialistas, adversários da véspera, tornados subitamente pacifistas, puseram-se a gritar que os verdadeiros imperialistas e adversários da

---

62. Ver a nota número 38 na página 60. (N.T.)

paz eram os bolcheviques. O estrangulamento dos revolucionários escondia-se, assim, sob a máscara do "amor à paz" e da "democracia".

A Sociedade das Nações já se revelou como um gendarme e um carrasco internacional. Seus delegados sufocaram a República dos Conselhos na Hungria[63] e na Baviera. Ela procura continuamente estrangular o proletariado russo: as tropas inglesas, americanas, japonesas, francesas etc., colaboram, no Norte, no Sul, no Oeste e no Leste da Rússia, com os carrascos da classe operária. A Sociedade das Nações açulou, mesmo, escravos de cor contra os operários russos e húngaros (Odessa, Budapeste). A quanta infâmia podem chegar, mostraram-no esses bandidos enluvados ao sustentarem uma "liga de assassinos" encabeçada pelo general Iudenitch, chefe do chamado "governo do noroeste" da Rússia. A Sociedade das Nações incita a Finlândia, a Polônia etc., contra a Rússia dos Sovietes, organizando conspirações com o auxílio dos cônsules das potências estrangeiras; seus agentes fizeram voar pontes, mataram comunistas à bomba de dinamite. Não há infâmia de que não seja capaz a Sociedade das Nações.

Essa tentativa foi feita pelos capitalistas, sob a iniciativa de Wilson, o hábil e velhaco chefe do capital americano, na pretensa Conferência da Paz, de Versalhes. Chamaram a essa associação de bandidos Sociedade das Nações, isto é, os "Estados Unidos dos povos". Mas, na realidade, não se trata de uma Sociedade dos povos, mas sim de uma sociedade *dos capitalistas* internacionais e de seus governos.

Essa sociedade procura criar um *trust* mundial formidável que açambarque todo o nosso planeta, explore o mundo inteiro e reprima em toda parte, do modo mais feroz, a classe operária e a revolução. As alegações que emprestam a essa sociedade intuitos de paz são pura balela. Seu verdadeiro fim é duplo: a exploração implacável do proletariado mundial, das colônias e dos escravos coloniais, e o estrangulamento da revolução mundial em marcha.

Quanto mais forte é a pressão do proletariado, mais estreitos são os laços da pandilha capitalista. No *Manifesto do Partido Comunista*, Marx e Engels

---

63. A República Socialista Soviética da Hungria foi instituída em 21 de março de 1919. Ao Conselho dos Comissários do Povo pertenciam: Bela Kun, presidente; Tibor Szamueli, comissário da guerra; Varga, comissário da agricultura, entre outros. As indecisões dos comunistas húngaros na questão agrária, a traição dos sociais-democratas, a impossibilidade de uma ligação com os operários russos, a ofensiva desesperada das tropas romenas e tchecoslovacas açuladas pelo imperialismo aliado, ofensiva que terminou pela ditadura abominável de Horthy, causaram a derrota da jovem República Soviética da Hungria. (N.T.)

declararam em 1847: "Um espectro ronda a Europa – o espectro do comunismo. Para persegui-lo unem-se, numa Santa Aliança, todas as potências da velha Europa: o papa e o czar, Guizot e Metternich, os radicais da França e os policiais da Alemanha". Muitos anos decorreram depois disso. O espectro do comunismo revestiu-se de carne e osso. E contra ele partem em campanha não só toda a velha Europa, *como todo o universo capitalista*. Entretanto, a *Sociedade das Nações não será capaz de cumprir sua dupla tarefa: a união, num só trust, de toda a economia mundial e o estrangulamento da revolução mundial*. A América opõe-se ao Japão, e estas duas potências continuam a armar-se. Seria ridículo pensar que a Alemanha esmagada alimenta sentimentos fraternais em relação aos saqueadores "desinteressados" da *Entente*.[64] Também desse lado existe uma brecha. Guerreiam-se os pequenos Estados. Mas – o que é mais importante ainda – as insurreições e as guerras começam nas colônias: na Índia, no Egito, na Irlanda etc. Os países escravizados levantam-se contra seus opressores "civilizados". À guerra civil, guerra de classe que atira o proletariado contra a burguesia imperialista, juntam-se, nas colônias, insurreições que continuam a minar e a destruir o domínio do imperialismo mundial. Assim, o regime imperialista estala sob a pressão do proletariado que se levanta, das guerras das repúblicas proletárias, das sublevações e das guerras das nações escravizadas pelo imperialismo, e graças, também, aos antagonismos e às discórdias entre as grandes potências capitalistas. Em vez de uma "paz duradoura", o que existe é o caos completo; em lugar da pacificação do proletariado mundial, a guerra civil exasperada. Nessa guerra civil, crescem as forças do proletariado e diminuem as forças da burguesia. No fim de tudo, dar-se-á, inevitavelmente, a vitória do proletariado.

Certamente, a ditadura proletária não vencerá sem sacrifício. A guerra civil, como qualquer outra guerra, acarreta perda de homens e bens. Toda revolução acarreta perdas semelhantes. Além disso, nos primeiros tempos da guerra civil, agravar-se-á mais a desagregação econômica originada pela guerra imperialista. Isso porque os operários, em vez de trabalharem e organizarem a produção, devem ficar na linha de frente, empunhando a carabina, e defender-se dos proprietários e generais, com prejuízo evidente para a vida das fábricas. Mas isso é inevitável em toda revolução. Na revolução burguesa de 1789-1793, quando a

---

64. Palavra de origem francesa que significa "coligação". Serviu, durante a Grande Guerra de 1914-1918, para designar os aliados. (N.T.)

burguesia francesa derrubava os proprietários de terras, a guerra civil era acompanhada de grandes destruições. No entanto, depois da derrota da propriedade feudal, a França entrou numa época de rápido progresso.

Qualquer pessoa compreenderá que, numa revolução tão formidável como a revolução mundial do proletariado, quando desaba um regime de opressão edificado durante *séculos*, as perdas podem ser particularmente grandes. A guerra civil assume, hoje, proporções mundiais; converte-se, em parte, na guerra dos Estados burgueses contra os Estados proletários. Os Estados proletários, que se defendem dos bandidos imperialistas, fazem uma guerra de classes, uma guerra verdadeira, justa, mas que exige sacrifícios de sangue. E quanto mais se estende a guerra, maiores são os sacrifícios, mais aumenta o caos.

O custo elevado de uma revolução nada prova *contra* ela. O regime capitalista, edificado durante séculos, acarretou o horripilante mar de sangue da monstruosa matança imperialista. Que guerra civil poderá comparar-se com essa carnificina selvagem e com essa destruição de tantas riquezas acumuladas pela humanidade? É preciso que a humanidade acabe, de *uma vez por todas*, com o capitalismo. E só isso é bastante para nos conservarmos firmes nas guerras civis, a fim de abrir caminho ao comunismo, que curará todas as feridas e dará um rápido impulso às forças produtivas da sociedade humana.

34. OU A DECOMPOSIÇÃO GERAL OU O COMUNISMO

A revolução em curso é *mundial*, pelas mesmas razões que fizeram da guerra imperialista uma guerra *mundial*. Os principais países, simples elos da economia mundial, foram quase todos arrastados para a guerra que os ligou num só bloco, de um modo ou de outro. A guerra causou terríveis devastações em todos os países, provocou a fome, a escravização do proletariado, a decomposição progressiva e a decadência do capitalismo, o fim da disciplina de "chibata" nos exércitos, nas fábricas e nas usinas, e, com a mesma necessidade implacável, desencadeará a Revolução Comunista do proletariado.

Uma vez que tenham começado, a decomposição do capitalismo e o desenvolvimento da Revolução Comunista não podem ser contidos. Qualquer tentativa que vise recolocar a sociedade humana no antigo caminho capitalista está votada, antecipadamente, a um completo fracasso. A consciência das massas proletárias atingiu tamanha altura que elas não podem nem querem mais trabalhar ou trucidar-se mutuamente em prol dos interesses do capital e das conquistas coloniais. O exército de Guilherme não se pode reconstituir na Alemanha.

Mas assim como não se pode restabelecer a disciplina imperialista no exército, obrigando o soldado proletário a submeter-se ao jugo do general burguês ou nobre, não mais se pode restabelecer a disciplina capitalista do trabalho e obrigar o operário a trabalhar para o capitalista ou o proprietário de terras. O novo exército só pode ser criado pelo proletariado. A nova disciplina de trabalho só pela classe operária pode realizar-se.

Só existem duas possibilidades: ou uma decadência geral, um caos completo, uma confusão sangrenta, uma selvageria crescente, a desordem e a anarquia – ou o *comunismo*. Todas as tentativas de restauração do capitalismo, num país onde as massas já estiveram no poder, o confirmam. Nem a burguesia francesa, nem a burguesia húngara, nem Koltchak, nem Denikin, nem Skoropadsky puderam organizar a vida econômica e estabelecer sua ordem sanguinária.

A única solução para a humanidade é o comunismo. E como o comunismo só pelo proletariado pode ser realizado, só ele pode salvar a humanidade dos horrores do capitalismo, da exploração bárbara, da política colonial, das guerras contínuas, da fome, da selvageria, da bestialidade e de todos os horrores do capital financeiro e do imperialismo. Daí a grande importância histórica do proletariado. Ele pode sofrer derrotas parciais, mas sua vitória é inevitável, tão inevitável quanto a derrota da burguesia.

Resulta claramente do que precede que todos os grupos, todas as classes e todos os partidos que podem restaurar o capitalismo ou imaginam que o tempo do socialismo ainda não chegou desempenham, na realidade, um papel contrarrevolucionário, *reacionário*, queiram ou não queiram, tenham ou não consciência disso. Tais são os partidos social-democratas.[65]

---

65. Escrevendo, em setembro de 1917, sobre os problemas da guerra civil, assim respondia Lenin aos que procuravam atemorizar o povo com a perspectiva de "ondas de sangue" na insurreição: "As 'ondas de sangue' provocadas pela guerra civil não se comparariam, mesmo de longe, com os *rios* de sangue que os imperialistas russos têm derramado desde 18 de julho (apesar das consideráveis probabilidades de evitar essas hecatombes, entregando o poder aos Sovietes)". Lenin, *No caminho da insurreição*. (N.T.)

CAPÍTULO V
A Segunda e a Terceira Internacionais

35. O INTERNACIONALISMO DO MOVIMENTO OPERÁRIO É UMA CONDIÇÃO DE VITÓRIA PARA A REVOLUÇÃO COMUNISTA
A Revolução Comunista só poderá vencer se for uma revolução *mundial*. Se num país, por exemplo, a classe operária toma conta do poder, mas nos outros o proletariado permanece sinceramente devotado ao capitalismo, esse país será finalmente estrangulado pelos grandes Estados de rapina. De 1917 a 1919, todas as potências tentaram estrangular a Rússia dos Sovietes; em 1919, estrangularam a Hungria dos Sovietes. Não puderam, porém, estrangular a Rússia dos Sovietes, porque sua situação *interna* era tal que deviam temer, também elas, ser derrubadas pelos seus próprios operários que reclamavam a retirada das tropas da Rússia. A ditadura proletária num país isolado está continuamente ameaçada se não encontra apoio entre os operários dos outros países. Ademais, nesse país, a organização econômica é muito difícil, porque nada, ou quase nada, ele recebe do estrangeiro: está *bloqueado* por todos os lados.

Mas se, para o triunfo do comunismo, a vitória da revolução *mundial* e a *solidariedade* dos operários entre si são necessárias, isso significa que a condição indispensável da vitória consiste na *solidariedade internacional* da classe operária. Assim como os operários das diferentes fábricas sustentaram-se mutuamente, criaram uma organização comum e conduziram a luta comum contra todos os fabricantes, da mesma forma os operários dos diferentes países burgueses só poderão vencer se marcharem juntos, em fileiras cerradas, se não criarem dissenções entre si, e se, pelo contrário, unirem-se de país a país, sentirem-se uma classe única com os mesmos interesses. Só uma confiança mútua, perfeita, uma união fraternal, a unidade da ação revolucionária contra o capital mundial garantirão a vitória da classe operária. O movimento comunista operário só poderá vencer como movimento internacional.

A necessidade da luta internacional do proletariado foi reconhecida há muito tempo. À véspera da Revolução de 1884, já existia uma organização secreta internacional: a *Liga dos Comunistas*. À sua frente, estavam Marx e Engels. No congresso dessa liga, realizado em Londres, eles foram encarregados de compor um manifesto em nome da Liga. Assim nasceu o *Manifesto do Partido Comunista*, no qual esses grandes campeões do proletariado expuseram pela primeira vez a doutrina comunista.

Em 1864 surgiu, sob a direção de Marx, a *Associação Internacional dos Trabalhadores*, a *Primeira Internacional*. Ela compreendia muitos líderes do movimento operário de diferentes países, mas havia pouca unidade nas suas alas. Além disso, não se apoiava sobre amplas massas operárias, e mais se assemelhava a um grupamento internacional de propaganda revolucionária. Em 1871, os membros da Internacional participaram da Revolução dos Operários Parisienses (a *Comuna*), o que provocou em toda parte a perseguição à Internacional. Em 1874, dissolveu-se, particularmente enfraquecida pela luta interna entre os partidários de Marx e os do anarquista Bakunin. Depois da sua dissolução, os partidos socialistas começaram a nascer em diversos países, de acordo com o desenvolvimento da indústria. Fez-se logo sentir a necessidade de um apoio recíproco e, em 1889, foi convocado um congresso socialista internacional, composto de representantes dos partidos socialistas de diversos países. *A Segunda Internacional* foi fundada, mas devia desmoronar-se ao tempo da declaração da Guerra Mundial. As razões desse fato serão explicadas mais adiante.

Já no *Manifesto do Partido Comunista*, Marx havia proclamado a palavra de ordem: "Proletários de todos os países, uni-vos!". Eis o que, a esse respeito, escrevia Marx no fim do *Manifesto*:

> "Os comunistas não se rebaixam a dissimular suas opiniões e seus fins. Proclamam resolutamente que esses fins não poderão ser atingidos sem a derrubada violenta de toda a ordem social atual. Que as classes dominantes tremam à ideia de uma Revolução Comunista! Os proletários nada têm a perder com ela exceto os grilhões. Têm um mundo a ganhar. Proletários de todos os países, uni-vos!".[66]

36. A FALÊNCIA DA SEGUNDA INTERNACIONAL E SUAS CAUSAS

Quando, em agosto de 1914, explodiu a Grande Guerra Mundial, quase todos os partidos social-democratas se colocaram ao lado de seus governos e susten-

---

66. *Manifesto do Partido Comunista*, obra citada. (N.E.)

taram, com estes, a sangrenta matança. Só o proletariado da Rússia, da Sérvia e, mais tarde, da Itália declarou guerra à guerra e convidou os operários para a insurreição. Os deputados social-democratas da França e da Alemanha votaram, no mesmo dia, em seus respectivos parlamentos, os créditos de guerra. Em vez de provocar uma sublevação geral contra a burguesia criminosa, os partidos socialistas dispersaram-se e cada um se alistou sob a bandeira de seu "próprio" governo burguês. A guerra recebeu, assim, o *apoio direto* dos partidos socialistas, cujos chefes abandonaram e *traíram* o socialismo. Foi quando a Segunda Internacional encontrou sua morte inglória.

Coisa curiosa: apenas *alguns dias* antes da traição, a imprensa dos partidos socialistas e seus chefes tinham atacado a guerra. Assim, por exemplo, G. Hervé, hoje traidor do socialismo francês, escrevia em seu jornal *A Guerra Social* (ao qual deu mais tarde o título de *Vitória*): "Bater-se para salvar o prestígio do czar!... Que alegria morrer por uma causa tão nobre!". *Três* dias antes da guerra, o Partido Socialista francês publicava um manifesto contra a guerra e os sindicalistas franceses proclamavam em seu jornal: "Operários, se sois covardes... protestai!". A social-democracia alemã organizava grandes comícios de protesto. Todos ainda conservavam na memória a decisão do Congresso Internacional de Stuttgart, dizendo que, em caso de guerra, era preciso lançar mão de todos os meios para "agitar as camadas populares mais profundas e precipitar a queda do capitalismo". Entretanto, no dia seguinte, os *mesmos* partidos e seus chefes afirmavam a necessidade de "salvar a pátria" (isto é, o Estado de rapina de sua própria burguesia), e o *Arbeite Zeitung*[67] de Viena declarava que era preciso defender a "humanidade alemã" (!).

Para compreender as razões da falência e do fim inglório da Segunda Internacional, é preciso fazer uma ideia exata das condições do movimento operário antes da guerra. O capitalismo dos países europeus e dos Estados Unidos desenvolvia-se, então, à custa das colônias; era o mais repugnante e sangrento de todos os aspectos do capitalismo. Por uma exploração bárbara dos povos coloniais, pela pilhagem, pelo engodo, pela violência, extorquiam-se-lhes riquezas que iam aproveitar abundantemente os tubarões do capital financeiro europeu e americano. Quanto mais forte e poderoso era um *trust* de Estado capitalista no mercado *mundial*, tanto maior lucro auferia ele da exploração das colônias. Graças a essa mais-valia, podia pagar aos seus escravos assalariados um pou-

---

67. *Gazeta do Trabalho.*

co mais que o salário comum. Não a todos, é certo, mas, pelo menos, aos mais *instruídos*. Certas camadas da classe operária foram, assim, *corrompidas* pelo capital. Raciocinavam do seguinte modo: "Se a *nossa* indústria encontra vazão nas colônias africanas, está bem, porque melhor se desenvolverá; os lucros dos nossos patrões aumentarão e nós também lucraremos". Assim era que o capital agrilhoava ao seu Estado os seus escravos assalariados.

Esse fato já fora notado pelos fundadores do comunismo científico. Friedrich Engels, em 1882, escrevia a Kautsky:

> Perguntais o que pensam os operários ingleses da política colonial? Exatamente o que pensam da política em geral. Aqui não existe um só partido operário, só há os conservadores e os radicais-liberais, e os operários limitam-se a participar zelosamente do gozo dos bens que acarreta o monopólio inglês no mercado mundial e nas colônias.

Desenvolveu-se, assim, um servilismo particular, a dedicação do operário à sua burguesia, sua subserviência diante dela. O mesmo Engels escrevia em 1889:

> O que há de mais desolador aqui (na Inglaterra) é a respeitabilidade burguesa que os operários trazem até a medula. O respeito inato para com os *betters*[68] e superiores[69] arraigou-se há tão longo tempo e tão solidamente, que os senhores burgueses enredam os operários muito facilmente. Estou convencido, por exemplo, de que John Burns (um dos chefes operários da época) se orgulha mais de sua popularidade junto ao cardeal Manning, ao *lord-mayor*[70] e, em geral, junto à burguesia, do que com sua popularidade no seio de sua própria classe.

As massas operárias não tinham o hábito, nem oportunidade, de conduzir a luta no âmbito internacional. Suas organizações limitavam-se, na maioria dos casos, a agir no interior do Estado de *sua própria* burguesia. E a essa "própria" burguesia *interessava* em sua política colonial uma parte da classe operária, particularmente os operários qualificados. Os chefes das organizações operárias mordiam esse anzol, assim como a burocracia operária e os representantes do

---

68. *Betters*: melhores, que valem mais. (N.T.)
69. Superiores: chefes. (N.T.)
70. *Lord-mayor*: prefeito. (N.T.)

parlamento, que tinham lugares mais ou menos lucrativos e se haviam habituado a uma atividade *pacífica, tranquila, legal*.

Já falamos do aspecto sangrento do capitalismo, despontando em toda a sua crueldade, sobretudo nas colônias. Na própria Europa e na América, a indústria progredia rapidamente, e a luta operária assumia formas mais ou menos pacíficas. Não se dera ali uma grande revolução (salvo na Rússia) desde 1871, e, na maioria dos países, desde 1848. Estava-se habituado à ideia de que o capitalismo se desenvolveria, no futuro, do mesmo modo pacífico, e, quando se falava da próxima guerra, pouco se lhe dava crédito.

Uma parte dos operários – e, entre eles, os chefes operários – se compenetrava cada vez mais da ideia de que a classe operária devia interessar-se, também, pela política colonial e devia, *com a sua burguesia*, velar pela prosperidade dessa "questão nacional". Outrossim, as massas pequeno-burguesas começavam a ingressar na social-democracia. Não é de admirar que, no momento decisivo, *a dedicação ao Estado dos bandidos imperialistas prevalecesse sobre a solidariedade internacional da classe operária*.

Sendo assim, a principal causa da queda da Segunda Internacional foi que a política colonial e a criação de verdadeiros monopólios pelos grandes *trusts* capitalistas de Estado tinham *acorrentado* os operários e, sobretudo, os "dirigentes" da classe operária ao *Estado imperialista da burguesia*.

Na história do movimento operário, viu-se também, outrora, o operário fazer causa comum com seus opressores; por exemplo, quando este comia à mesa do patrão. Considerava, então, a oficina do patrão como sua e o patrão não era, para ele, um inimigo, mas "o homem que lhe dava trabalho". Só com o decorrer dos tempos é que os operários das diversas fábricas começaram a unir-se contra *todos* os patrões. Quando os grandes países se transformaram também em "*trusts* nacionais capitalistas", os operários demonstraram-lhes, a princípio, a mesma dedicação que tinham antes por seus patrões particulares.

Só a guerra ensinou-lhes que não deviam colocar-se ao lado de seu próprio Estado *burguês*, mas sim destruir todo Estado *burguês* e marchar para a ditadura do proletariado.

37. AS PALAVRAS DE ORDEM DE DEFESA NACIONAL E DE PACIFISMO
A traição à causa operária e à luta comum da classe operária foi justificada pelos chefes dos partidos socialistas da Segunda Internacional em nome da "defesa nacional".

Já vimos que, numa guerra imperialista, nenhuma das grandes potências se defende, mas todas *atacam*. A palavra de ordem de defesa da pátria burguesa nada mais era do que um engodo, com o qual os chefes procuravam assimilar sua traição. Examinemos mais de perto essa questão. Que é, no fundo, a pátria? Que se compreende por essa palavra? Os homens que falam a mesma língua? A "nação"? Nada disso. Tomemos, por exemplo, a Rússia czarista. Quando a burguesia russa, em altos brados, reclamava a defesa da pátria, não se referia a uma pátria habitada por uma só nacionalidade, digamos, os "grandes russos"; não, pois se tratava de uma pátria habitada por diferentes povos. Na realidade, de que se tratava? Nada mais do que do *poder de Estado da burguesia e dos proprietários agrícolas*. Os operários russos eram chamados a "defendê-lo" (ou, antes, a dilatar suas fronteiras até Constantinopla e Cracóvia). Quando a burguesia alemã clamava pela necessidade de defesa de *Vaterland*,[71] de que se tratava? Ainda uma vez, do poder da burguesia alemã, no que se refere à ampliação das fronteiras do Estado imperialista dos Hohenzollern.[72]

Aqui, é necessário averiguar se sob a dominação *capitalista* a classe operária possui, de fato, uma pátria. Marx, no *Manifesto do Partido Comunista*, respondeu: *"Os operários não têm pátria".*[73-74] Por quê? Muito simplesmente porque, sob o domínio capitalista, eles não têm nenhum *poder*, porque sob o capitalismo todo o poder está nas mãos da burguesia; porque, sob o capitalismo, o Estado nada mais é do que um instrumento para a *opressão* e a *repressão* da classe operária.

O dever do proletariado é *destruir* o Estado da burguesia e nunca o defender. O proletariado só terá pátria quando tiver *conquistado o poder* do Estado e se tornar senhor do país. Então, e então somente, terá ele uma pátria e será obrigado a defendê-la. O que ele defenderá será, nesse caso, o seu *próprio poder* e a sua *própria* causa, e não de seus inimigos, não a política de pirataria dos seus opressores.[75]

---

71. *Vaterland*: pátria. (N.T.)
72. *Hohenzollern*: nome da família imperial alemã. (N.T.)
73. No sentido burguês do termo, evidentemente. (N.E.)
74. *Manifesto do Partido Comunista,* obra citada. (N.E.)
75. Eis como, a esse respeito, se manifesta Trotsky: "O patriotismo revolucionário não pode ter senão um caráter de classe, começa por ser o patriotismo do partido, do sindicato, e se eleva até se transformar em patriotismo de Estado, quando o proletariado toma o poder. Nas mãos dos operários, o patriotismo é um dever revolucionário. Mas esse patriotismo deve ser parte integrante do internacionalismo revolucionário". (*L'Internationale Communiste après Lénine*). (N.T.)

A burguesia compreende isso muito bem. Por exemplo, quando o proletariado russo conquistou o poder, a burguesia russa empenhou-se na luta contra a Rússia por todos os meios, aliando-se com todo o mundo: com os alemães, os japoneses, os americanos, os ingleses, e, se fosse preciso, com o diabo e a sua avó. Por quê? Porque perdera o poder na Rússia, sua pátria de pirataria, de pilhagem, de exploração burguesa. A todo momento, ela está pronta a fazer desaparecer a Rússia proletária, isto é, o poder dos Sovietes. O mesmo se deu na Hungria. A burguesia proclamou a "defesa" da pátria húngara, enquanto o poder esteve em suas mãos: mas, quando o perdeu, aliou-se rapidamente aos romenos, aos tchecoslovacos, aos austríacos, para sufocar, com seu auxílio, a Hungria proletária. Isso quer dizer que a burguesia sabe muito bem do que se trata. Por meio da bela fórmula da pátria, obriga todos os cidadãos a fortificar seu próprio poder burguês e condena por alta traição os que não se submetem a isso. Em compensação, não recua diante de nada para despedaçar a pátria proletária.

É preciso que o proletariado aprenda com a burguesia a fazer saltar a pátria burguesa, e não a defendê-la ou a dilatá-la: *mas, quando se trata de sua própria pátria*, é necessário que ele a defenda com todas as forças, até à última gota de sangue.

Nossos adversários podem se opor a tudo isso: – Reconhecereis, no entanto, que a política colonial e o imperialismo auxiliaram o desenvolvimento industrial das grandes potências e que, da mesa dos senhores, algumas fatias caíram para a classe operária. Por conseguinte, e por isso mesmo, é preciso defender o patrão e ajudá-lo na concorrência!

Absolutamente, não. Suponhamos dois fabricantes: Schultz e Petrov. Eles disputam o mercado. Schultz diz aos seus operários: "Amigos, defendei-me com todas as forças. Fazei todo o mal que puderdes contra a fábrica de Petrov, a ele pessoalmente, aos seus operários etc. Só assim minha fábrica irá adiante, liquidarei Petrov, os negócios prosperarão. E, por tudo isso, dar-vos-ei mais meio rublo." Petrov diz o mesmo aos seus operários. Suponhamos que Schultz seja o vencedor. Nos primeiros tempos, talvez, dará o meio rublo a mais; mais tarde, porém, o recuperará. E se os operários de Schultz, querendo declarar-se em greve, pedirem o auxílio dos antigos operários de Petrov, estes últimos replicarão: – Será possível? Depois do que fizestes, ainda apelais para nós? Ide-vos embora!

– E a greve *comum* será irrealizável.

Enquanto os operários estiverem divididos, o capitalista será forte. Uma vez vencido o concorrente, volta suas armas contra os operários divididos. Os operários de Schultz haviam percebido, durante *algum tempo*, meio rublo a mais; mais tarde, porém, o perderam. O Estado burguês é uma associação de patrões. Quando essa associação quer engordar à custa dos outros, pode, à custa do dinheiro, comprar o consentimento dos operários.

A falência da Segunda Internacional e a traição ao Socialismo pelos chefes operários só se verificaram porque os chefes concordaram em "defender" os senhores e aumentar as *migalhas* caídas da mesa dos senhores. Mas, com o desenrolar da guerra, quando os operários, traídos, ficaram divididos, o capital, em todos os países, desabou sobre eles um peso formidável. Os operários viram que se haviam enganado, que os chefes socialistas os tinham *vendido por um prato de lentilhas*. Começou, então, a regeneração do socialismo. Os protestos surgiram, a princípio, das fileiras dos operários mal pagos, não qualificados. A aristocracia operária (os impressores de todos os países, por exemplo) e os antigos chefes continuaram, ainda por muito tempo, a sua traição.

Além da palavra de ordem de defesa da pátria (burguesa), um bom meio de enganar as massas operárias foi o que se chama de *pacifismo*. Que significa isso? Consiste na opinião gratuita de que, *nos próprios limites do capitalismo*, sem revolução, sem insurreição do proletariado etc., pode reinar na Terra uma paz perpétua. Seria suficiente organizar a arbitragem entre as diferentes potências, suprimir a diplomacia secreta, desarmar ou, para começar, reduzir os armamentos etc., e tudo correria bem.

O erro fundamental do pacifismo consiste em acreditar que a burguesia consentirá em reformas como o desarmamento. A despeito dos desejos do pacifismo, a burguesia continuará sempre a armar-se, e se o *proletariado* desarmar-se ou não se armar, será *esmagado*, muito simplesmente. Eis como as belas frases pacifistas iludem o proletariado. *O seu fim exclusivo é desviar a classe operária da luta armada pelo comunismo.*

O melhor exemplo da falsidade do pacifismo é dado por Wilson, que, com os seus quatorze princípios, sob a máscara de nobres projetos como a Sociedade das Nações, quer organizar o saque mundial e a guerra contra o proletariado. O grau de infâmia a que podem chegar os pacifistas vê-se pelos seguintes exemplos. O antigo presidente dos Estados Unidos, Taft, é um dos fundadores da Liga Americana da Paz e, ao mesmo tempo, um imperialista furioso; o conhecidíssimo fabricante americano de automóveis Ford organizou expedições inteiras pela Europa para que proclamassem seu pacifismo, mas, ao mesmo tempo, amontoava centenas de milhões de dólares de lucros, porque suas empresas trabalhavam para a guerra. Um dos mais autorizados pacifistas, A. Fried, em seu *Manual do pacifismo*, enxerga a fraternidade dos povos, entre outras coisas, na campanha comum dos imperialistas contra a China, em 1900. Escreve ele a esse respeito:

"A expedição chinesa demonstrou a influência das ideias de paz sobre os conhecimentos contemporâneos (!). Demonstrou a possibilidade de uma associação internacional dos exércitos. Os exércitos aliados são uma força mundial sob o comando de um só generalíssimo europeu. Nós, amigos da paz, vemos nesse generalíssimo mundial (era o conde Waldersee, nomeado por Guilherme II) o precursor desse homem de Estado mundial que realizará nosso ideal por meios pacíficos".

Um *banditismo coletivo* evidente é considerado como um exemplo da "fraternidade dos povos". O mesmo se dá quando se serve a uma *associação de bandidos capitalistas* com o nome de Sociedade das Nações.

38. OS SOCIAIS-PATRIOTAS

As enganadoras fórmulas com que a imprensa da burguesia, diariamente, inundava as massas (jornais, periódicos, folhas volantes etc.). transformaram-se nas fórmulas dos traidores do socialismo.

Os antigos partidos socialistas dividiram-se, em quase todos os países, em três correntes: os *sociais-patriotas* traidores confessos e cínicos; os traidores dissimulados e hesitantes, chamados *centristas*; e, enfim, aqueles que se mantiveram fiéis ao socialismo e em torno dos quais se organizaram, mais tarde, *os partidos comunistas*.

Os *sociais-patriotas* pregam o ódio da humanidade sob a bandeira do socialismo, o apoio prestado aos Estados de bandidos burgueses sob a forma enganadora da defesa nacional. Entre eles, se encontram os chefes de quase todos os antigos partidos socialistas: na Alemanha, Scheidemann, Noske, Ebert, Davi, Heine etc.; na Inglaterra, Henderson; na América, Samuel Gompers (o chefe da Federação do Trabalho); na França, Renaudel, Albert Thomas, Jules Guesde e os chefes do sindicalismo, como Jouhaux; na Rússia, Plekhanov, Potressov; os socialistas-revolucionários da direita, Catarina Brechkovskaia, Kerensky, Tchernov, os mencheviques da direita, Lieber, Rosanov; na Áustria, Renner, Seitz, Victor Adler; na Hungria, Garami, Buchinger etc.

Todos foram pela defesa da pátria burguesa. Alguns chegaram a aderir abertamente à política de rapina, admiraram anexações, indenizações de guerra, pilhagem das colônias (são comumente chamados *sociais-imperialistas*). Durante toda a guerra, sustentaram essa política não só votando créditos, como também pela propaganda. O manifesto de Plekhanov foi afixado na Rússia pelo ministro do czar, Khvostov. O general Kornilov tinha convidado Plekhanov para ministro de seu gabinete. Kerensky (socialista-revolucionário) e Tseretelli (menchevique) esconderam do povo os tratados secretos do czar; esmagaram o proletariado de Petrogrado nas jornadas de julho;[76] socialistas-revolucionários e mencheviques da direita fizeram parte do governo de Koltchak. Rosanov tornou-se espião de Iudenitch. Em resumo, com toda a burguesia, eram partidários do apoio à pátria de rapina burguesa e da derrubada da pátria proletária dos Sovietes.

Os sociais-patriotas *franceses* fizeram parte de um ministério de piratas (Guesde, Sambat, Thomas): sustentaram todos os projetos de banditismo dos aliados, o estrangulamento da Revolução Russa e o envio de tropas contra os operários russos.

Os sociais-patriotas *alemães*, quando Guilherme ainda era imperador, fizeram parte do governo (Scheidemann), sustentaram Guilherme quando este assassinava a revolução na Finlândia, saqueava a Ucrânia e a Grande Rússia; sociais-democratas (Winnig, em Riga) dirigiram as batalhas contra os operários russos e letões; mais tarde, assassinaram Liebknecht e Rosa Luxemburgo e reprimiram, de um modo atroz e sanguinário, as sublevações dos operários comunistas em Berlim, Leipzig, Hamburgo, Munique etc. Os sociais-patriotas *húngaros*, após terem sustentado, em seu tempo, o governo monárquico, traíram, em seguida, a República dos Sovietes. Em suma, em todos esses países, revelaram-se como *verdadeiros carrascos da classe operária*.

Quando Plekhanov era ainda revolucionário, escrevia no jornal *Iskra*, publicado no estrangeiro, que o século XX, ao qual está reservada a realização do socialismo, veria, provavelmente, produzir-se uma enorme cisão entre os socialistas e uma luta formidável e encarniçada entre eles. Assim como, ao tempo

---

76. Entraram na história sob o nome de "jornadas de julho" os dias sangrentos da insurreição espontânea dos operários de Petrogrado, que só não condenaram a Revolução a uma derrota porque os bolcheviques agiram em tempo, evitando que o desastre fosse maior. Após a luta, foram presos, entre outros: Trotsky, Kamenev, Lunatcharsky, Kolontei. À repressão sangrenta seguiram-se as perseguições, a suspensão dos jornais bolcheviques e a campanha de calúnias, consistindo em apresentar os bolcheviques como agentes do imperialismo alemão. (N.T.)

da Revolução Francesa, de 1789 a 1793, o partido revolucionário extremo (a *Montanha*) esteve em guerra com o partido moderado tornado contrarrevolucionário (a *Gironda*), assim também – dizia Plekhanov – o século XX verá, provavelmente, levantarem-se uns contra os outros os antigos camaradas, porque uma parte deles passará para o lado da burguesia.

Essa profecia de Plekhanov realizou-se integralmente. Uma só coisa ele ignorava: que seria parte do número dos traidores.

Os sociais-patriotas (também chamados oportunistas) transformaram-se, assim, em *inimigos de classe* declarados do proletariado. Durante a grande revolução mundial, combateram nas fileiras dos brancos contra os vermelhos; marcharam com os generais, a burguesia, os grandes proprietários.

É preciso, pois, desencadear contra eles uma *luta implacável*, tão firme como contra a burguesia da qual são agentes.

O que resta da *Segunda Internacional*, que os seus diversos partidos procuram reanimar, não passa, no fundo, de um departamento da *Sociedade das Nações* que a burguesia utiliza contra o proletariado.

39. O CENTRO

Outro grupo dos velhos partidos socialistas é formado pelo que se chama de *Centro*. É chamado assim porque hesita entre os comunistas, de um lado, e os sociais-patriotas, do outro. A essa corrente pertencem, na Rússia, os mencheviques da esquerda, Martov à frente; na Alemanha, os independentes (Partido Social-Democrata Independente), com Kautsky e Ledebour; na França, o grupo de Jean Longuet; na América, o Partido Socialista Americano, com Hillquit; na Inglaterra, uma fração do Partido Socialista Britânico e do *Independent Labour Party* etc.

No começo da guerra, esses personagens se pronunciaram, com todos os sociais-traidores, pela defesa nacional contra a Revolução. Kautsky declarava que a pior calamidade era a invasão inimiga e que só *depois* da guerra se poderia recomeçar a luta contra a burguesia. Durante a guerra, o internacionalismo, na opinião de Kautsky, nada tinha a fazer. Depois de conquistada a "paz", Kautsky escreveu que, tendo sido destruído tudo, não era possível pensar-se mais no socialismo. Sendo assim, durante a guerra, não se deve combater, porque nada existe a fazer, mas, vindo a paz, também não se deve combater, porque a guerra destruiu tudo. A teoria de Kautsky é uma proclamação de impotência absoluta que embrutece o proletariado. Pior ainda: durante a Revolução, Kautsky atirou-se doidamente contra os bolcheviques. Ele, que esqueceu a doutrina de Marx, combate, atualmente, a ditadura do proletariado, o terror etc., sem perceber que, assim procedendo, auxilia o *terror branco da burguesia*.[77] O seu programa é de um vulgar pacifista: tribunal de arbitragem etc. Nisso, ele está de acordo com qualquer dos pacifistas burgueses.

A política do Centro oscila, tropeça, impotente, entre a burguesia e o proletariado, deseja conciliar o inconciliável e, nos momentos decisivos, *trai* o proletariado. Durante a Revolução de Outubro, o Centro russo (Martov e companhia) queixava-se da violência dos bolcheviques. Procurava reconciliar todo o mundo, auxiliando a guarda branca e enfraquecendo a energia combativa do proletariado. O partido menchevique nem sequer excluiu os seus membros que haviam conspirado com os generais e lhes haviam servido de espiões. Nos dias difíceis do proletariado, o *Centro* pregava a greve em nome da Constituinte e contra a ditadura do proletariado;[78] durante a ofensiva do Koltchak, certos centristas espalhavam, solidários com os conspiradores burgueses, a palavra de ordem da cessação da guerra civil (o menchevique Pleskov). Na Alemanha, os *independentes* fizeram o papel de traidores durante a insurreição dos operários de Berlim, quando eles próprios se puseram a "reconciliar" em pleno combate, contribuindo assim para a derrota; muitos deles são partidários de uma ação em comum com os sequazes de Scheidemann. O mais grave, porém, é que não preconizam a *insurreição em massa* contra a burguesia e adormecem o proletariado com esperanças pacifistas. Na França e na Inglaterra, o *Centro* condena a contrarrevolução, "protesta" em palavras contra o estrangulamento da revolução, mas manifesta uma absoluta incapacidade para a *ação de massas*.

Atualmente, o Centro é tão prejudicial quanto os sociais-patriotas. Os centristas, ou, como ainda são chamados, os kautskistas, procuram também reanimar o cadáver da Segunda Internacional e "reconciliá-la" com os capitalistas. É claro que, sem um completo rompimento com eles e sem luta contra eles, a vitória sobre a contrarrevolução será impossível.

As tentativas de reconstrução da Segunda Internacional são feitas sob o patrocínio benevolente da *Sociedade das Nações*, associação de bandidos. Os

---

77. Contra as opiniões de Kautsky, convém ler: *A revolução proletária e o renegado Kautsky*, de Vladimir Lenin; *Terrorismo e Comunismo:* o anti-Kautsky, de Leon Trotsky. (N.T.)

78. Os bolcheviques, ao contrário, faziam de sua palavra de ordem da Assembleia Constituinte um *meio* para conduzir as massas retardatárias no caminho da ditadura do proletariado. (N.T.)

sociais-patriotas são, na verdade, hoje, o último apoio do regime capitalista em decomposição.

A guerra imperialista só pôde raivar durante cinco anos graças à traição de classe dos partidos socialistas. Depois, quando surgiu a época revolucionária, a burguesia principiou a se apoiar diretamente sobre eles, para asfixiar, por meio deles, o movimento do proletariado. Os antigos partidos socialistas converteram-se no *principal* obstáculo à luta de classe pela derrocada do capital.

Durante a guerra, cada um dos partidos social-traidores repetia as palavras de ordem de sua burguesia. Depois da "paz de Versalhes", ao se formar a *Sociedade das Nações*, o que restava da Segunda Internacional (isto é, os sociais-patriotas e o *Centro*) pôs-se a repetir as palavras de ordem emitidas pela *Sociedade das Nações*. De acordo com a *Sociedade das Nações*, a Segunda Internacional reprovou aos bolcheviques o terror, a violação dos princípios democráticos, seu "imperialismo vermelho". Em vez de travar uma luta decisiva contra os imperialistas, ela sustenta os seus princípios.

40. A TERCEIRA INTERNACIONAL COMUNISTA

Os sociais-patriotas e o Centro, como vimos, lançaram, durante a guerra, a palavra de ordem de defesa nacional (burguesa), isto é, de defesa do Estado do inimigo do proletariado.

Foi a *união sagrada*, isto é, a submissão completa ao Estado burguês. Proibição de greves, por exemplo, e, com mais forte razão, de revolta contra a burguesia criminosa. Os sociais-traidores raciocinavam assim: primeiro liquidar o inimigo exterior; depois ver-se-á.[79]

Foi assim que os operários de todos os países foram vendidos à burguesia. Entretanto, desde o princípio da guerra, grupos de militantes honestos reconhe-

---

79. A burguesia existe, como classe, em toda a face do globo terrestre. Assim, dentro das fronteiras de um mesmo país, o proletariado tem diante de si o inimigo, que é preciso derrubar pela revolução, cujo caráter é, por isso mesmo, *internacional*. Falar em liquidar "primeiro" o inimigo exterior para "depois" tratar de derrubar a burguesia nacional é cair no social-patriotismo, é servir os interesses dos adversários do proletariado. Eis por que foi profundamente criminosa na Alemanha a atitude dos que, enquanto se recusaram a fazer frente única com a social-democracia para a luta contra o fascismo, aliaram-se praticamente a este, com a sua palavra de ordem de "libertação nacional", para a luta contra o tratado de Versalhes. Esqueceram-se, assim, dos interesses da classe, sobrepondo-lhes os interesses da "nação" burguesa ultrarreacionária. (N.T.)

ceram que a "defesa nacional" e a "união sagrada", que garroteavam o proletariado, eram uma traição ao proletariado.

O partido dos bolcheviques, desde 1914, declarou que o necessário não era a união sagrada com a burguesia criminosa, mas a guerra civil contra a burguesia, a revolução. Antes de tudo, o dever do proletariado era *derrubar* a sua própria burguesia. Na Alemanha, um grupo de camaradas, entre os quais Karl Liebknecht e Rosa Luxemburgo, tomou o nome de *Grupo Internacional* e declarou que a solidariedade internacional do proletariado estava acima de tudo. Pouco depois, Karl Liebknecht proclamou abertamente a necessidade da guerra civil e pôs-se a chamar a classe operária para a insurreição armada contra a burguesia. Assim nasceu o partido dos bolcheviques alemães, ou *espartaquistas*.

Na Suécia, formou-se o *Partido Socialista de Esquerda*; na Noruega, os esquerdistas conquistaram todo o partido. Os socialistas *italianos* mantiveram-se firmes durante a guerra. Assim, cresceram, pouco a pouco, os partidos que queriam a revolução. Sobre esse terreno fizeram, na Suíça, sua primeira tentativa de unificação. Nas conferências de Zimmerwald[80] e de Kienthal,[81] criou-se o embrião da *Terceira Internacional*. No entanto, logo depois notou-se que indivíduos suspeitos do *Centro* se tinham infiltrado ali e só trabalhavam para entravar o movimento. No interior dos agrupamentos internacionais de Zimmerwald, nasceu a *esquerda de Zimmerwald*, com o camarada Lenin à frente. A esquerda de Zimmerwald exigia uma ação resoluta e criticava duramente o *Centro*, dirigido por Kautsky.

---

80. Convocada pelo Partido Socialista italiano para estudar a atitude a assumir diante da guerra. A conferência de Zimmerwald (Suíça) reuniu-se de 9 a 12 de setembro de 1915 com a participação de delegados dos partidos, grupos e minorias internacionalistas da Alemanha, da França, da Holanda, da Suécia, da Noruega, da Polônia, da Rússia, dos Balcãs, da Itália e da Suíça. Lenin compareceu com Zinoviev como representante dos bolcheviques; Trotsky, pela redação do *Nache Slovo* (Nossa Palavra), de Paris: Rakovsky Kolarov, pelos Balcãs, e assim em diante. A conferência lançou um manifesto concitando o proletariado europeu a lutar pela terminação da guerra e por uma paz sem anexações nem indenizações. A esquerda, porém, agrupada em torno de Lenin, insistiu por uma atitude mais clara, consistindo num apelo à luta pela "transformação da guerra imperialista em guerra civil", pelo rompimento com os pacifistas, pela fundação da Terceira Internacional (fundada somente em 1919). (N.T.)

81. A conferência de Kienthal (Suíça) realizou-se entre os dias 24 e 30 de abril de 1916, por iniciativa da Comissão Socialista de Berna, instituída em Zimmerwald. Cresceu aí a influência liderada pelos bolcheviques e firmemente resolvida a romper com os oportunistas e a fundar a Terceira Internacional. (N.T.)

Depois da Revolução de Outubro e do estabelecimento do poder dos Sovietes, a Rússia tornou-se o centro principal do movimento internacional. Nosso partido, a fim de romper com os sociais-traidores, tornou a adotar o seu antigo e glorioso nome de batalha: *Partido Comunista*. Sob a influência da Revolução Russa, formaram-se partidos comunistas em outros países. A Liga dos Espartaquistas tomou o nome de *Partido Comunista da Alemanha*; partidos comunistas formaram-se na *Hungria*, na *Finlândia* etc.; mais tarde, formou-se, também, na *França*, um partido comunista. Na América, o *Centro* excluiu do Partido Socialista as esquerdas, que se constituíram, então, em Partido Comunista; na Inglaterra, este partido foi fundado no outono de 1919.[82] Desses partidos saiu a *Internacional Comunista*. Em março de 1919, em Moscou, no antigo castelo do czar, o Kremlin, realizou-se o *Primeiro Congresso Internacional Comunista*, no qual foi fundada a *Terceira Internacional*. Assistiram a esse Congresso os representantes dos comunistas alemães, russos, austríacos, húngaros, suecos, noruegueses, finlandeses, bem como camaradas franceses, americanos e ingleses.

O Congresso adotou a plataforma proposta pelos comunistas alemães e russos. Os debates mostraram que o proletariado se alistou decididamente sob a bandeira da ditadura operária do poder dos Sovietes e do comunismo.

A *Terceira Internacional* tomou o nome de *Internacional Comunista*, como outrora a *Liga dos Comunistas*, a cuja frente estava Karl Marx. Por toda a sua ação, a *Terceira Internacional* prova que segue os passos de Marx, isto é, a *estrada revolucionária que conduz à derrubada violenta do regime capitalista*.

Não é de admirar, pois, que o que existe de vivo, de honesto, de revolucionário no proletariado internacional adira cada vez mais à nova Internacional, que enfeixa os esforços dos pioneiros da classe operária.

Só pelo seu nome, a *Internacional Comunista* mostra que nada tem de comum com os sociais-traidores. Marx e Engels já consideravam o nome de *social-democrata* como inadequado ao partido do proletariado revolucionário. "Democrata" quer dizer partidário de determinada forma de Estado. Como vimos, porém, na sociedade futura *não haverá Estado*. E, no período de transição, deve vigorar a *ditadura* operária. Os traidores da classe operária não vão além da república burguesa. Quanto a nós, vamos para o comunismo.

---

82. No Brasil, o Partido Comunista organizou-se em 25 de março de 1922. Os seus fundadores, todos ex-anarquistas, já em 7 de novembro de 1921 haviam criado o Grupo Comunista do Rio de Janeiro. (N.T.).

No prefácio do *Manifesto do Partido Comunista*, Engels escrevia que a palavra socialista se aplicava, no seu tempo, ao movimento dos intelectuais avançados, ao passo que o comunismo era um movimento puramente operário. O fato reproduz-se à nossa vista. Os comunistas apoiam-se unicamente nos operários; os sociais-traidores, os socialistas, em suma, na pequena burguesia.

Assim, a *Internacional Comunista* realiza a doutrina de Marx, livrando-a das excrescências que nela haviam aparecido durante o período "pacífico" do desenvolvimento capitalista. As previsões do grande pensador comunista realizam-se hoje, após 70 anos, sob a direção da *Internacional Comunista*.[83]

---

83. O autor se refere ao período em que a Internacional Comunista dirigia o movimento comunista mundial. (N.E.)

GLOSSÁRIO DOS NOMES CITADOS

ADLER, Victor (1852-1918). Fundador e líder da social-democracia austríaca. Manteve relações com Engels, tendo evoluído do radicalismo burguês ao marxismo. Mais tarde, com a conquista do sufrágio universal, consagrou-se à atividade parlamentar e tornou-se, na Segunda Internacional, um dos chefes do reformismo. Pacifista moderado durante a Grande Guerra.

ALEXANDRE II (1818-1881). Czar da Rússia. Subiu ao trono em 1855. Assinou a paz com a França depois da guerra da Crimeia. Sob o seu reinado, deu-se a abolição da servidão (1881). Decretou a guerra contra a Turquia (1876-1877), encerrada pelo tratado de Berlim. Morreu vítima de um atentado terrorista em 1881.

ARMSTRONG, Barão de (1810-1900). Engenheiro inglês, inventor do canhão e dos explosivos que receberam o seu nome.

BAKUNIN, Mikhail (1814-1876). Revolucionário russo. Aderiu à Primeira Internacional, da qual se afastou mais tarde depois de uma luta áspera contra Marx. Um dos maiores homens do anarquismo.

BRICHKOVSKAYA, Catarina. Cognominada "avó da Revolução". Socialista revolucionária partidária do terrorismo. Emigrada, salientou-se por suas campanhas contra os Soviantes.

BUCHINGER. Socialista húngaro. Social-patriota durante a guerra.

BUKHARIN, Nikolai Ivanovitch (1888-1938). Participou, desde a sua juventude, dos círculos social-democratas. Preso pela primeira vez em 1909, foi novamente detido pouco depois e deportado para Arcangel, de onde conseguiu fugir. Julgado em 1911, foi libertado e emigrou para o exterior, onde sofreu várias prisões. Pouco antes da guerra, foi preso novamente e recolhido a uma fortaleza. Fixou, depois, residência em Estocolmo, de onde foi expulso mais tarde. Durante uma viagem para os Estados Unidos, foi preso na Inglaterra. Dos Estados Unidos, foi, ainda uma vez, expulso. Com a Revolução de Fevereiro, Bukharin tornou a entrar na Rússia depois de ter sido preso. Em Moscou, em abril de 1917, participou da direção do partido e dirigiu o jornal bolchevique local. Durante as discussões que precederam a paz de Brest, liderou a corrente "esquerdista" que preconizava a "guerra revolucionária", tendo reconhecido, mais tarde, o seu erro. Foi diretor da *Pravda* (A Verdade) e membro do Comitê Executivo da Internacional Comunista. Fuzilado em 1938.

BURNS, John (1858-1943). Um dos líderes do *Labour Party* (Partido Trabalhista) britânico.

DANICHEVSKY, irmãos. Antigos industriais russos dirigentes de uma grande sociedade por ações.

DENIKIN. General russo contrarrevolucionário. Combateu os bolcheviques.

EBERT, Friedrich (1871-1925). Social-democrata alemão. Social-patriota durante a guerra. Primeiro presidente da República alemã (1919), eleito pela Assembleia de Weimar.

ENGELS, Friedrich (1820-1895). Amigo, companheiro de luta e colaborador teórico de Karl Marx, foi graças ao seu espírito prático e ativo que este último pôde realizar a sua obra. No domínio da teoria, Engels contribuiu, principalmente, com os seus grandes conhecimentos de ciências físicas e naturais, sobre as quais redigiu importantes trabalhos. O seu talento de escritor se revela, principalmente, nos panfletos filosóficos que publicou e, em geral, na exposição e no desenvolvimento do materialismo dialético. Colaborou com Marx na redação do *Manifesto do Partido Comunista*. Depois da morte de Marx (1883), tornou-se a maior autoridade do movimento operário internacional. Foi fundador da Segunda Internacional, a qual, vinte anos após a sua morte, havia de renegar o marxismo e trair o proletariado. Engels deixou inúmeras obras teóricas, sendo as mais importantes: *Anti-Dühring, Princípios do comunismo, Socialismo utópico e socialismo científico, Ludwig Feuerbach e o fim da filosofia clássica alemã, Origem da família, da propriedade privada e do Estado*.

FRANCISCO FERNANDO (1863-1914). Arquiduque da Áustria. O seu assassinato, a 28 de junho de 1914, em Sarajevo (Bósnia), serviu de pretexto para a outra guerra.

FRIED, A. Pacifista norte-americano. No seu *Manual do pacifismo*, vê na campanha imperialista contra a China, em 1900, "a possibilidade de uma associação internacional dos exércitos".

FORD, Henry (1863-1947). Empreendedor estadunidense, fabricante de automóveis, criador da Ford Motor Company.

GARAMI. Socialista húngaro. Social-patriota durante a guerra.

GEORGE, Lloyd. Líder liberal inglês. Primeiro-ministro de 1914 a 1922. Um dos mais destacados políticos da outra guerra.

GOMPERS, Samuel. Um dos fundadores da Federação do Trabalho dos Estados Unidos, da qual foi presidente durante quarenta anos. Reacionário, Gompers foi vice-presidente da Federação Civil, que preconizava a colaboração entre o capital e o trabalho e, ao mesmo tempo, organizava a traição às greves.

GUESDE, Jules (1845-1922). Começou a militar aos 20 anos. Membro ativo da Primeira Internacional, tomou parte na Revolução de 1871. Esmagada a Comuna, foi preso e condenado a cinco anos de reclusão. Tendo conseguido fugir para a Suíça, fundou aí uma seção da Internacional. Foi, até pouco antes da Primeira Guerra, um marxista ortodoxo. Depois, defendeu a "união sagrada" com a burguesia tornando-se social-patriota. Guesde foi um dos chefes mais influentes da Segunda Internacional.

GUILHERME II. Ex-imperador da Alemanha. Subiu ao trono em 1888. Abandonou o trono depois da Primeira Guerra, em 1918, refugiando-se na Holanda.

GUIZOT, François. Político e historiador francês. Foi sob o seu governo que Marx foi expulso da França (em 1845).

HEINE. Um dos chefes direitistas da social-democracia alemã. Social-patriota durante a guerra.

HENDERSON, Arthur. Líder do *Labour Party* (Partido Trabalhista) britânico e das *trade-unions*. Membro, durante a guerra, do gabinete de coligação presidido por Lloyd George. Ministro do Interior no gabinete trabalhista de 1924.

HERVÊ, Gustave. Jornalista francês. Foi, várias vezes, condenado por suas ideias socialistas e antimilitaristas. Durante a guerra, tornou-se um patriota exaltado. Fundou *A Guerra Social*, que se converteu, depois, em *A Vitória*.

HILLQUIT, Morris. Fundador do Partido Socialista nos Estados Unidos. Emigrado de origem russa, advogado. Foi marxista, mas, pouco a pouco, tornou-se reformista.

HORTHY. Reacionário feroz. Ditador da Hungria após o esmagamento da Revolução.

INDENITCH. Um dos numerosos generais russos que se notabilizaram pela ferocidade no combate aos bolcheviques.

JOUHAUX. Presidente da Confederação do Trabalho da França já como anarcossindicalista. Antes da guerra, foi antiparlamentar e antipatriota, tendo sido um dos promotores da greve geral. Durante e depois da guerra, foi social-patriota e defensor da colaboração de classes. Foi um dos líderes da Internacional Sindical de Amsterdã.

KAMENEV, L. B. (1883-1936). Militante bolchevique várias vezes encarregado de importantes missões. Em abril de 1917, combateu as teses de Lenin. Em outubro, ao lado de Zinoviev, manifestou-se contra a insurreição e pelo desenvolvimento "democrático" da Revolução. Em 1925, foi representante diplomático da União Soviética na Itália. Combateu o trotskismo em 1923-1924; aderiu à "nova oposição" em 1925, fez bloco com Trotsky em 1926, capitulou mais tarde, conseguindo ser reintegrado no partido, mas não tardou a ser novamente expulso. Acusado de "responsabilidade moral" pelo assassínio de Kirov, dirigente da região de Leningrado, foi preso em dezembro de 1934 e processado em janeiro de 1935. Novamente processado em julho de 1935. Condenado à prisão em janeiro de 1936 e à morte. Executado em agosto de 1936.

KAUTSKY, Karl (1854-1938). Economista, historiador, teórico marxista, um dos chefes mais notáveis da social-democracia alemã e da Segunda Internacional do fim do século XIX. Opôs-se, antes da Primeira Guerra, às tentativas de revisão do marxismo, cuja integridade defendeu com perseverança. Após a declaração de guerra, principiou a hesitar e a adotar meias soluções, esforçando-se por conciliar o internacionalismo e a defesa nacional e por manter a todo preço a unidade socialista. Declarou-se, mais tarde, adversário da ditadura do proletariado, assumindo uma atitude antirrevolucionária.

KERENSKY, A. F. (1881-1970). Advogado radical, social-patriota durante a guerra. Reprimiu, como ministro da guerra, vários movimentos operários. Foi destituído do poder pela Revolução de Outubro. Tentou resistir, marchou sobre São Petersburgo (hoje Leningrado), mas teve de fugir para não cair prisioneiro dos bolcheviques.

KHVOSTOV. Ministro do czar durante a guerra.

KOLONTAI, A. A. (1872). Militante bolchevique, internacionalista durante a guerra. Pertenceu, em 1921, à "oposição operária" condenada como desvio sindicalista. Ingressou na diplomacia soviética, tendo sido várias vezes embaixador da Rússia.

KOLTCHAK. Almirante russo contrarrevolucionário. Combateu os bolcheviques.

KORNILOV, L. G. (1870-1918). General czarista, comandante da região militar de Petrogrado (hoje Leningrado); em abril de 1917, deu ordem à artilharia para atirar contra os manifestantes; os grupos recusaram obediência, tendo Kornilov abandonado o comando por exigência dos Sovietes. Tentou tomar o poder em agosto de 1917 por um golpe de força.

KRASNOV. General czarista comandante do corpo de cavalaria que marchou sobre Petrogrado (hoje Leningrado) por ocasião da aventura de Kornilov.

KRUPENSKY. Antigo líder do partido nacionalista dos grandes proprietários de terras.

KRUPP, A. (1812-1887). Engenheiro alemão fundador da grande empresa de canhões de aço que receberam o seu nome.

LEDEBOUR, George (1850-1947). Velho militante revolucionário alemão internacionalista durante a guerra. Foi um dos líderes do Partido Social-Democrata Independente. Embora adversário da ditadura do proletariado, participou da direção da insurreição berlinense de 1919. Por ocasião da fusão dos independentes com a social-democracia (1923), fundou seu próprio grupo.

LENIN, V. I. (1870-1924). Iniciou sua atividade revolucionária aos 18 anos de idade, tendo sido, mais tarde, o líder e o fundador do bolchevismo. Depois de uma longa prisão em 1897, foi desterrado, escrevendo, então, numerosos trabalhos teóricos. Em 1901, publicou a *Iskra* (A Centelha), em que teve a colaboração de Plekhanov e outros, dos quais havia de se separar mais tarde. De 1908 a 1910, viveu em Paris, tendo escrito, nessa época, o seu importante trabalho filosófico: *Materialismo e empíreo-criticismo*. Ao estalar a guerra, encontrava-se na Galícia, para onde se havia transferido. Passou, depois, a morar em Berna e em Zurique. Em 1917, regressou à Rússia, onde dirigiu o Partido Bolchevique.

Perseguido, internou-se na Finlândia, onde não se demorou, pois novos acontecimentos exigiam a sua presença na Rússia. Desde então, tornou-se o grande guia da Revolução Proletária, não só na Rússia como no mundo inteiro. Fundou a Terceira Internacional e, com a colaboração constante de Trotsky, redigiu as teses e resoluções dos quatro primeiros congressos comunistas mundiais. Em torno de suas ideias tem se travado séria luta: de um lado, a Oposição Internacional de Esquerda, formada pelos partidários de Trotsky, e, de outro, a direção da Internacional Comunista, chefiada por Stalin. Existem de Lenin numerosas biografias, ocupando volumes inteiros. Trotsky consagrou-lhe um livro: *Lenin*. As obras de Lenin encontram-se editadas nas principais línguas do mundo, sendo as mais importantes: *Que fazer?, O Estado e a Revolução, O esquerdismo – moléstia infantil do comunismo, A Revolução Proletária e o renegado Kautsky, O capitalismo de Estado e o imposto em espécie*.

LIBER, M. I. (Goldman) (1880-1937). Menchevique liquidacionista, várias vezes exilado sob o czarismo. Foi um dos inspiradores do primeiro Executivo Pan-Russo dos Sovietes, que ele orientou no sentido da colaboração com a burguesia e com os aliados.

LIEBKNECHT, Karl (1871-1919). Filho de Wilhelm Liebknecht. Foi um dos chefes do movimento revolucionário proletário na Alemanha. Colocou-se, com Rosa Luxemburgo, à frente dos espartaquistas, partidários da Revolução Proletária Internacional. Dirigiu a insurreição operária berlinense em janeiro de 1919. Foi preso e assassinado pela escolta num parque de Berlim no mesmo dia que Rosa Luxemburgo (19 de janeiro de 1919).

LONGUET, Jean (1876-1938). Militante socialista francês, sobrinho de Karl Marx. Adotou, durante a guerra, uma atitude pacifista. Na cisão entre socialistas e comunistas, ficou com os reformistas.

LUNATCHARSKY, A. V. (1875-1933). Escritor, publicista e dramaturgo comunista russo. Emigrou em 1905 para Genebra, depois de ter sido exilado. Colaborou nos órgãos bolcheviques. Internacionalista durante a guerra. Militante bolchevique. Comissário do povo para a Instrução Pública. Embaixador na Espanha.

LUXEMBURGO, Rosa (1871-1919). De origem polonesa, militante desde os 18 anos, Rosa Luxemburgo consagrou-se nos movimentos socialistas na Polônia e na Alemanha. Publicista, agitadora teórica e propagandista. Participou, em Varsóvia, das lutas da Revolução de 1905. No congresso da social-democracia russa (1907), realizado em Londres, sustentou os bolcheviques. Frequentemente perseguida e presa, foi condenada, em 1913, a um ano de prisão por um discurso antimilitarista. Aderiu à Liga Spartacus, fundada por Liebknecht. Novamente presa em 1916. Pronunciou-se, desde então, pela fundação da Internacional Comunista. Desenvolveu grande atividade nas lutas revolucionárias de 1918 a 1919. Presa por oficiais sob a ditadura do social-democrata Noske, foi covardemente assassinada pela escolta numa rua de Berlim no mesmo dia que Karl Liebknecht (19 de janeiro de 1919). Rosa Luxemburgo deixou importantes obras marxistas: *Curso de economia política, A acumulação do capital, Reforma ou Revolução?*

MAC-ADOO. Genro de Wilson, em cujo governo foi ministro das Finanças. Era, ao mesmo tempo, um dos maiores banqueiros e administradores de sindicatos capitalistas.

MANNING, Henry Edward (1808-1892). Célebre cardeal inglês.

MARTOV, L. (I. O. Zederbaum) (1873-1923). Militou com Lenin, do qual se separou no congresso da social-democracia russa (1903), realizado em Londres, ficando com a minoria menchevique. Adversário dos Sovietes, emigrou em 1920.

MARX, Karl Heinrich. (1818-1883). De origem judaica, nasceu em Treves, na Prússia renana, a 5 de maio de 1818 e morreu em Londres, a 14 de março de 1883, tendo sido sepultado no cemitério de Highgate. Depois de cursar o colégio da cidade natal, estudou nas universidades de Bonn e de Berlim. Formou-se em direito em 1841, apresentando uma tese sobre a filosofia de Epicuro. Era, então, hegeliano. De 1842 a 1843, colaborou na *Gazeta Renana*, jornal radical no qual ocupou o posto de redator-chefe. Casou-se, em seguida, em Kreuznach, com Jenny Westphalen, que foi sua companheira até o fim de sua vida. Em 1844, em Paris, conheceu Engels, de quem havia de ser, para sempre, o amigo íntimo, e que com ele colaborou na fundação do marxismo. Expulso de Paris em 1845, passou a morar em Bruxelas, tendo ingressado, com Engels, em 1847, na Liga dos Comunistas, em cujo Segundo Congresso teve papel importantíssimo, pois foi quando redigiu o *Manifesto do Partido Comunista*, publicado em fevereiro de 1848. Ao irromper a Revolução de 1848, Marx foi expulso da Bélgica e voltou a Paris para regressar, depois, à Alemanha, fixando-se em Colônia. Foi quando apareceu a *Nova Gazeta Renana*, da qual, como da primeira, foi redator-chefe. Processado em 1849 e expulso da Alemanha, teve de voltar, ainda uma vez, a Paris, mas foi igualmente expulso. Partiu, então, para Londres, onde viveu até o ano de sua morte. No exílio, teve de suportar, por vezes, a mais pura miséria, o que não o impediu, graças ao auxílio financeiro de Engels, Wilhem Wolff e outros amigos, de realizar o seu trabalho revolucionário. Foi nessa época que escreveu *O capital*. Deixou inúmeras obras sobre filosofia, política e economia, sendo as principais, além do *Manifesto do Partido Comunista* e de *O capital*: *A miséria da filosofia* (resposta à *Filosofia da miséria*, de Proudhon), *A guerra civil em França, O Sr. Vogt, A Santa Família*.

METTERNICH, Príncipe de (1773-1853). Político austríaco. De 1835 a 1843, foi o verdadeiro soberano da Áustria e a alma da contrarrevolução.

MIRSOIEV, irmãos. Grandes industriais russos donos da Sociedade da Nafta.

MURALOV. Antigo combatente da guerra civil, herói de 1905 e de 1917, general do Exército Vermelho. Fuzilado em janeiro de 1937 no processo contra Radek e outros.

NOSKE. Socialista alemão de direita. Social-patriota durante a guerra. Reprimiu, com Scheidemann, a insurreição operária. Verdadeiro bandido a soldo da burguesia, a sua ação criminosa é por ele mesmo descrita em suas memórias.

PINKERTON, Nat. Um dos irmãos Pinkerton, que dão o nome a uma famosa organização policial privada, com sede em Nova York e filiais em todo o mundo. São conhecidas as suas aventuras contra os operários.

PLATÃO (423-348 antes de J. C.). Filósofo grego, o maior pensador idealista da Antiguidade. Em sua obra *Poleia* (O Estado), Platão preconiza a comunidade dos bens para a fração dominante dos aristocratas, o que constitui a maior utopia da Antiguidade.

PLEKHANOV, G. V. (1856-1918). Fundador, chefe e teórico da social-democracia russa. Publicista e teórico de grande valor, exerceu poderosa influência sobre a formação das gerações ulteriores. Foi, até 1903, um marxista revolucionário de vigorosa intransigência. Ligou-se, no Segundo Congresso do Partido, ao menchevismo, para dele se separar em 1911 e ficar até 1914 com Lenin. Durante a guerra, tornou-se partidário da "união sagrada" contra o imperialismo alemão. Depois da queda do czarismo, fundou a *Edinstvo* (A Unidade), órgão do social-patriotismo, aliado da burguesia. Embora adversário dos Sovietes, recusou-se a combatê-los ativamente. Morreu na Finlândia, em 1918, sendo-lhe prestadas as últimas homenagens pelo governo soviético.

PLESKOV. Menchevique centrista. Por ocasião da ofensiva contrarrevolucionária de Koltchak, lançou a palavra de ordem de cessação da guerra civil.

POTRESSOV, A. N. (Starover) (1869-1934). Menchevique liquidacionista e social-patriota durante a guerra. Foi, em 1917, um dos diretores do jornal burguês (O Dia), que desenvolveu uma campanha feroz contra os bolcheviques.

PREOBRAJENSKY, Ievguêni. (1886-1937). Revolucionário e economista soviético e membro do Comitê Central do Partido Comunista da União Soviética, pai do planejamento soviético e líder junto a Trotsky da Oposição de Esquerda. Militante bolchevique. Antecessor de Stalin na secretaria geral do partido. Pertenceu à oposição, capitulando mais tarde.

PUTILOV. Grande *trust* russo de armamentos.

RAKOVCKY, Christian. Marxista revolucionário romeno internacionalista durante a guerra. Preso na Romênia, libertado pela Revolução Russa, tornou-se presidente do Conselho dos Comissários do Povo da Ucrânia e tomou, nessa qualidade, parte ativa na guerra civil. Foi, mais tarde, embaixador da União Soviética em Londres e em Paris. Ex-membro do Comitê Central do Partido Comunista russo, pertenceu à seção russa da Oposição Internacional de Esquerda. Foi excluído do partido e condenado a 25 anos de prisão em março de 1938.

RENAUDEL, Pierre (1871-1935). Socialista francês, colaborador de Jaurès, colocou-se sempre na direita do Partido Socialista. Foi partidário da intervenção contra os Sovietes. Reformista, contribuiu para orientar o seu partido no caminho da colaboração de classes.

RENNER, Karl (1870-1950). Social-democrata austríaco da ala direita. Social-patriota durante a guerra. Foi presidente do Conselho da República austríaca.

ROHRBACH. Imperialista alemão.

ROSANOV, V. N. (Popov, Martin). Menchevique, internacionalista durante a guerra. Mais tarde, adversário do regime dos Sovietes, ao qual se ligou depois.

SCHEIDEMANN, Felipe (1865-1939). Um dos líderes da social-democracia alemã. Tentou sabotar as greves de 1918 e, no curso da Revolução, salvar a monarquia. Tornou-se o chefe do governo "socialista" da jovem república alemã e reprimiu, com uma ferocidade sem nome, o movimento operário. Rosa Luxemburgo e Karl Liebknecht foram assassinados sob o seu governo, ficando impunes os assassinos.

SEITZ. Social-democrata austríaco. Social-patriota durante a guerra.

SEMBAT, Marcel (1862-1922). Homem político francês, publicista, militante e deputado do Partido Socialista. Foi, durante a guerra, ministro da viação dos gabinetes de "união sagrada".

SKOROPADSKY. Contrarrevolucionário russo.

STALIN, Josef (1878-1953). Militante social-democrata russo desde 1896. Em 1902, foi deportado para a Sibéria, de onde conseguiu fugir em 1904, passando à ação ilegal. Preso, exilado, evadido por diversas vezes. Em 1917, colaborou na *Pravda* (A Verdade). Membro do Comitê Central do Partido desde a conferência de abril de 1917. Depois da Revolução de Outubro, comissário do povo para as Nacionalidades e a Inspeção Operária. Foi o secretário-geral do Partido Comunista russo. De sua autoria conhecem-se, além de discursos-relatórios e artigos, o folheto intitulado *Leninismo teórico e prático* e os livros *Questões de leninismo* e *Os erros de Trotsky*. Primeiro-ministro em maio e comissário da guerra em julho de 1941. Finalmente, em março de 1943, "marechal" da Rússia; morto em 1953.

TAFT, William (1857-1930). De 1909 a 1913, presidente dos Estados Unidos. Imperialista. Um dos fundadores da Liga Americana da Paz.

TCHERNOV, M. M. Socialista revolucionário. Partidário da guerra, da solidariedade com os aliados, da colaboração com a burguesia. Ministro da Agricultura num dos gabinetes de Kerensky. Demitiu-se depois dos acontecimentos de julho. Emigrado. Em 1921, auxiliou a insurreição de Cronstadt.

THIERS, Adolphe (1797-1877). Homem de Estado francês. Presidente da República, nomeado pela Assembleia Nacional (1871).

THOMAS, Albert. Socialista francês. Ministro do Trabalho na Primeira Guerra. Foi presidente do Bureau Internacional do Trabalho com sede em Genebra. Morreu em 1932.

TROTSKI, Leon (1879-1940). De origem judaica, nasceu na aldeia de Ivanovka, na Rússia, a 7 de novembro de 1879. Iniciou sua atividade revolucionária aos 18 anos de idade. Presidente do Soviete de São Petersburgo, na Revolução de 1905. Várias vezes preso e deportado por sua atividade revolucionária. Internacionalista durante a guerra. Expulso da França e da Espanha, esteve algum tempo nos Estados Unidos. De volta a Petrogrado, em 1917, sustentou ardorosamente os bolcheviques, ingressando desde logo no partido, como membro do Comitê Central. Presidente do Soviete de Petrogrado, em setembro, quando os bolcheviques conquistaram a maioria. Tomou parte ativa na organização da insurreição de outubro, lutando sempre ao lado de Lenin. Organizador do Exército Vermelho, comissário do povo para a Guerra e a Marinha, presidente do Conselho Militar Revolucionário até a morte de Lenin. Em 1923, organizou e dirigiu, com Rakovsky e numerosos outros bolcheviques-leninistas, a oposição russa. Foi expulso do partido e, em seguida, deportado para a Sibéria. Mais tarde, expulso da União Soviética, foram-lhe cassados os direitos de cidadão soviético, passando a viver exilado. Escreveu inúmerosas obras teóricas e políticas, entre as quais se destacam: *1905, Terrorismo e comunismo (O Anti Kautsky), História da Revolução Russa, Nova etapa, Curso novo, A Revolução desfigurada, A Internacional Comunista depois de Lenin, A revolução permanente*, entre outras. Em fins de 1932, foi-lhe concedida permissão para ir à Dinamarca, onde fez uma conferência sobre a Revolução Russa. Preso pela polícia norueguesa em setembro desse mesmo ano, foi intimado a deixar o país em dezembro.

Chegou ao México em janeiro de 1937 e, depois de sofrer vários atentados, foi assassinado em agosto de 1940.

TSERETELLI, I. G. Menchevique, partidário da coligação com a burguesia. Membro do primeiro ministério de coligação (maio de 1917). Inimigo irredutível do bolchevismo. Emigrado.

WALDERSEE, Conde. General nomeado por Guilherme II, para fazer a campanha imperialista contra a China (1900).

WICKERS. Grande *trust* inglês de armamentos.

WILSON, Woodrow (1856-1924). Eleito presidente dos Estados Unidos em 1913. Assinou a declaração de guerra à Alemanha. Assumiu o governo em 1914, porém não chegou a terminar o mandato.

WINNIG. Reacionário. Dirigiu, em Riga, a repressão contra os operários russos e letões.

ZINOVIEV, Grigori. (1883-1936). Antigo bolchevique. Depois da Revolução de Fevereiro, voltou a Petrogrado com Lenin. No outono de 1917, manifestou-se, com Kamenev, contra a insurreição. Em 1923-1924, combateu, também, a oposição russa, liderada por Trotsky; em 1925, encabeçou a "nova oposição"; em 1926, fez bloco com Trotsky, capitulando mais tarde e conseguindo, assim, ser novamente aceito no partido. De 1919 a 1926, foi presidente do Executivo da Internacional Comunista. Até 1927, membro do Bureau Político do Partido. Preso em dezembro de 1934, juntamente com Kamenev, foram ambos acusados de "responsabilidade moral" pelo assassinato do dirigente da região de Leningrado, Kirov. Processado em janeiro e em julho de 1935. Condenado à prisão em janeiro de 1936. Foi condenado à morte e executado em agosto do mesmo ano.

Este livro foi impresso pela BMF Gráfica e Editora
em fonte Minion Pro sobre papel Pólen Bold 70 g/m²
para a Edipro no inverno de 2021.